奇跡を解き放つ祈り

目次

序文

遡ること七〇年。一九四六年のサン・ディエゴでは、断食祈祷の有効性をめぐる大きな試みがあったそうです。フランクリン・ホールの著書、「断食祈祷による原子力」（原題：Atomic Power Through Prayer and Fasting）には、しるしと不思議を伴う伝道のために数千人が集い、断食祈祷の力を実験し始めたことが記されています。その話は世界中に知れ渡りましたが、その中には数千人の救いや並々ならぬ奇跡が起きたという力強い証が含まれていました。翌一九四七年には癒しのリバイバルが起こり、御霊の傾注《けいちゅう》が世界中で起こりはじめ、ビル・ブライトやビリー・グラハムらが歴史の舞台に登場しました。神が窓を開き、鮮やかな炎の中に主イエスが現れ、終わりの時の最後の大収穫に向けて、断食祈祷、伝道、世界宣教が同時に動き出す様を垣間見せてくださいました。

これこそ私が、ダニエル・コレンダの著書「奇跡を解き放つ祈り」の出版に興奮している理由です。読者は、若き伝道者が、しるしと不思議の伴う伝道の証を書いたと思っているかもしれません。しかしそうではありません。ダニエルが書いているのは、祈りの力とそこに秘められた歴史を塗り替える力、また奇跡を解き放つ霊的打ち破りの力についてです。本書の内容は、実に驚くべきものです！ラインハルト・ボンケの霊の息子である筆者は、まず祈りについて語っています。しかしその祈りのムーブメントが、伝道について語りはじめるのです！　それはどうしてかというと、祈りのムーブメントと宣教のムーブメントが、地上で共鳴し合っているからです。

伝道者ダニエル・コレンダは、今後登場してくるニューブリード（新種）伝道者たちの先駆けです。彼らは街中で説教したり、大競技場で福音を語ったりしていますが、その原動力は祈りのみです。ナチズムの台頭を目撃した、かのウィンストン・チャーチルは、英国議会に警告を発しました。「ドイツの街々を行軍しているこれらゲルマン人の屈強《くっきょう》な若人《わこうど》らは、祖国のゆえに苦しみをもろともせず、その瞳には大志の輝きがある。彼らが求めるのは、地位ではなく武器である。そして、いざその武器を手に入れたなら、彼らが次に求めるのは、失った領地と植民地の奪回である。その念願を果たした暁《あかつき》には、それらの国々の土台を揺るがしはじめ、破壊するようになるだろう。」

しかし私はこう言いましょう。「これらのニューブリード伝道者たちが地上の街々を行進しはじめたなら、彼らは地位の代わりに武器を求め、いざ武器を手に入れた暁には、サタンが牛耳る獄屋から幾百万もの失われた魂を奪回しはじめるだろう。」と。断食祈祷、説教、しるしと不思議といった古《いにしえ》の武器が、ニューブリードたちによって再び配備されることになるでしょう。彼らが求めるのは名声でなく、主の誉《ほま》れが地上で現れることだけです。

これを書いている今、私たちは二〇一六年四月九日にメモリアル大競技場で行われる「アズサ・ナウ」に向かって移動中です。「アズサ・ナウ」とは、アズサ街リバイバル一一〇周年を記念する大会です。同行者の若者の一人は、ダニエル・コレンダが大競技場で説教している夢を見たそうです。そこにはプールがあり、人々がプールに飛び込んで癒しを受けていたそうです。その夢のお陰で、私はダニエル・コレンダと会うことができ、一行も合流して夢の話をすることができました。彼が話してくれたことは、純真な伝道者たちに、一大ムーブメントの希望をもたらす内容でした。

ダニエルはこう言いました。「私は、南アフリカの大会に出席するのをやめました。代わりにスタジアムに行きます。説教するつもりはないし、謝礼も要りません。ただそこに行きたいのです。」この言葉を聞いた瞬間、私は自分が説教することになると気づきました。私たちは、そのスタジアムが、しるしと不思議と福音の宣言で満ちると信じています。そしてビリー・グラハムの外套《がいとう》（油注ぎ）が、何百人もの人たちの上に下ると信じています。

もしそうならない場合は、ダニエルに代表される、数千人のニューブリード伝道者たちの上に、外套が下ることになると思います。私たちのとりなしチームは、サン・ディエゴで起きた癒しや救いの二倍の分け前が注がれるよう祈り求めています。また、今の世代の人たちに、二倍の分け前が注がれると信じています。その祈りと純真な心が、この世代の人たちを強める原動力になると信じているのです。

数年前、マタイ九章三八節を通して、主のメッセージが心に迫ってきました。羊飼いのいない羊のように弱り果てた魂を見て、主イエスは弟子たちを集めて言いました。「**収穫は多いが、働き手が少ない。だから、収穫の主に、収穫のために働き手を送ってくださるように祈りなさい。**」

この箇所で主が使われた言葉は、哀愁と情熱に満ちています。「祈りなさい」という訳語に使われているギリシャ語は、デオマイといいます。この箇所ではデオマイのアオリスト過去形が使われていて、通常、祈りを表すのに使われる表現と違っています。デオマイは強い意志を伴う言葉ですから、むしろ「わたしは、あなたがたが、わたしに乞い願うよう命じます。」と訳すべきです。また、「送る」という訳語に相当するギリシャ語も、送ることを言うために通常使われる言葉ではありません。大抵の場合、アポステローという言葉が使われますが、この箇所で使われているのはエクバローという言葉です。この言葉は次の聖句の「追い出す」という部分に使われている言葉です。「**わたしが、神の御霊によって悪霊どもを追い出しているのなら、神の国はあなたがたに来ているのです。**」（マタイ十二・28）

エクバローは、主が両替人たちを神殿から追い出した箇所で使われているのと同じ言葉で、力づくで追い出すときに使われます。この言葉は、力強く投げつけることを意味しているのです。ですからこの箇所は、本来こういう意味です。「働き手が少ない。だからわたしは、あなたがたに命じます。収穫のために働き手を投げつけるよう、収穫の主に乞い願いなさい。」

もし、主イエスが悪霊を追い出すなら、悪霊は出て行かなければなりません。ですから主イエスが働き手を投げつけるなら、働き手は出て行かなければならないのです！　アンドリュー・マーレーは、マタイ九章三八節に基づき驚くべき発言をしました。宣教地に遣わされる宣教師の人数は、働き手を祈り求める祈り手次第で決まるというのです。もしそれが本当なら、そして、もし大収穫が近づいているのなら、御体なる教会は、大宣教命令が実現するまで、団結してマタイ九章三八節を毎日祈るべきです。この箇所は、祈りのムーブメントと伝道者のムーブメントを協力させる、祈りの革命です。

この「エクバローの祈り」によって、ラインハルト・ボンケ型伝道者とダニエル・コレンダ型伝道者が、地球上に生み出されつつあると私たちは信じています。今、そのような伝道者たちが、最後の大収穫に向けて祈りを捧げています。その祈りによって、伝道者なる主イエスが、鮮やかな炎の中に再び現れてくださるのです。

ひれ伏す祈りによって、偉大な伝道者たちが生み出されつつあります。本書が、主の勝利の矢を射る弓となりますように。そしてその矢が、アメリカをはじめ世界の国々で魂を勝ち取りますように。本書を通して読者が祈りのポジションにつき、意識を集中して何千もの魂を狙い撃ち、勝ち取ることができますように。

ルー・イングル（ザ・コール共同創立者、リバイバリスト、ビジョナリー）

献辞

忠実な祈りによってチームのために天を揺るがしているクライスト・フォー・ザ・オール・ネーションズのパートナーの皆様に捧げる。

導入

弟子たちとともに歩む年月の中で、イエスはひとつのことをはっきりと教えました。それは、彼が祈りの人であったということです。昼日中《ひるひなか》であろうと会話の途中であろうと、お構《かま》いなしに雲隠れしては、静かな場所で父なる神と言うに尽くせぬ交わりを持っていました。イエスは弟子たちを愛し、群衆を愛し、交わりもミニストリーも愛していましたが、御父との関係ほど大切なものは、他にありませんでした。

イエスにとって、祈りは最優先事項でした。なぜなら、生徒は教師の行いを真似《まね》るものだからです。あるとき弟子たちは、心に疑問を抱いてイエスのもとに来ました。彼らは、「主よ、説教の仕方を教えてください。」とは言いませんでした。「主よ、悪霊の追い出し方を教えてください。」とも言いませんでした。「主よ、私たちに**祈り**を教えてください。」と、彼らはそう言ったのです。

或る者はこう尋ねたかもしれません。「イエスさま、あなたのミニストリーの秘訣《ひけつ》は何ですか。」しかし弟子たちは、それについてはもう知っていました。彼らの心の中に燃え滾《たぎ》っていたのは、その秘訣についてもっと知りたいという願いでした。「主よ、私たちに祈りを教えてください。」

イエスの働きの秘訣は、歴史上の多くの働き人たちの生涯にも見られます。彼らは祈りの中に、信じがたいほどの力があることに気づいていたのです。

ジョン・ウエスレーは言いました。「神が何かをするとき、それは必ず祈りの答えなのだ。」と。(注1) 偉大な先駆的宣教師アドニラム・ジャドソンは、日に七度、祈りのために友人や家族の前から姿を消したことで知られています。(注2) デイビッド・ブレイナードは、こうしたためました。「私は山小屋の中に独りでいるのが好きだ。そこでは多くの時間を祈りに費やすことができるから。」(注3) ジョン・ハイドは、インドに遣わされた宣教師でした。彼は「祈りのハイド」と呼ばれるほど、祈りに身を捧げていました。彼の健康が蝕《むしば》まれはじめたとき、ハイドはカルカッタにいる医師を訪ねました。そのとき医師は驚くべき発見をしました。祈りのハイドの心臓は、長年とりなしの祈りで格闘してきたために、胸の中で移動していたというのです。(注4) このような逸話《いつわ》は枚挙《まいきょ》に暇《いとま》がありません。

祈りについて学ぶことがあると言われると、多くのクリスチャンはショックを受けます。彼らはある人たちは、祈りは目に見えない誰かとおしゃべりするようなものだと考えます。彼らは祈りについて何もかも知り尽くしたと思っていますが、実のところ、彼らが知っているのは、大西洋の波につま先を浸した程度のことでしかないのです。

弟子たちは生活のすべての面で、忠実に律法を守るユダヤ人でした。そのような者にとって祈りは、子供時代からのたしなみでした。しかしイエスを観察していた彼らは、イエスの祈りには、自分たちが体験したことのない深みがあることに気づき、学ぶべきものがあると悟りました。宗教儀礼の暗唱句ではなく、天に届いて地上を変えるにはどうすればいいか、教えてください。熱心で実を結ぶ者となるにはどうすればいいでしょうか。山を動かし、鎖を断ち切り、悪霊を追い出し、病人を癒やし、死人を蘇らせ、都市や国家に影響を与え、歴史の流れを変え、天を地上にもたらすにはどうすればいいか、教えてください。本当に本当の、本物の祈りを教えてください。

私は、たましいを勝ち取る戦いの最前線で働く伝道者です。しかもそこは、地上でもっとも困難で、危険で、人里離れた地域です。この本は、立派な大理石の机で書いたわけではありません。ここは、人が命からがら生き延びる、埃《ほこり》だらけの塹壕《ざんごう》のような所です。私たちにとって祈りは、宝石やアクセサリーではありません。生きるか死ぬかの問題です。

預言者エレミヤは、近づきつつある恐ろしい日について語りました。その光景の中では、失われたたましいの大群が、永遠に悔みながら叫んでいました。「収穫は終わり、夏は過ぎ去ったのに、私たちは救われていない。」と。時計の針が、終末まで残り数時間しかないことを告げ知らせるとき、私たちの心を動かし、世に出て行って福音を伝えさせるのは神の心です。誰一人滅ぶべきでなく、みなに悔い改めてほしいと願う神の心なのです。（第二ペテ

ロ三・9参照）

働き人である私が一番強調したいのは伝道ですが、神の願いは、この終わりの時代に強力なとりなし手の軍隊を起こすことであるという、緊急の思いが私の心に迫ってきました。そのためには祈りの革命に火をつけて、世界を燃やさなければなりません。

大衆伝道のムーブメントと祈りのムーブメントは、これまで別々に起きてきましたが、主の目的を成し遂げるには、同時に起きる必要があると私は考えています。

伝道者は、働きをカバーしてくれるとりなしの祈りがなければ、蒸気でエンジンを稼働《かどう》させ、たわわに実った収穫を刈り取ることはできません。また伝道と真の礼拝が行われなければ、とりなし手は祈りの目的を果たせず、不発に終わることになります。しかしとりなしと伝道の両者が揃うなら、ダイナミックで革命的な組み合わせとなり、世界を変える底力を発揮できるのです。

この本は、神とのパートナシップの中に入り、祈りの革命に加わって御心をなそうと願う人々のためにあります。弟子である読者と私の学びは、まずは祈りの学校で、イエスの足もとに座ることからはじまります。「主よ、私たちに**祈り**を教えてください！」この簡潔《かんけつ》なリクエストによってはじまるのです。

一章　主よ、私たちの眠りを覚《さま》してください！

身を慎み、目をさましていなさい。あなたがたの敵である悪魔が、ほえたけるししのように、食い尽くすべきものを捜し求めながら、歩き回っています。（第一ペテロ五・8）

扉を叩く音が家全体に響いていました。家の前に立つ短気なローマ兵は、扉を蹴破《けやぶ》りました。ペテロはまだ床の中で朦朧《もうろう》としていますが、兵隊たちはペテロを捕らえ、埃《ほこり》っぽいエルサレムの通りに引いていきました。表には、囚人《しゅうじん》で一杯になった護送用《ごそうよう》の馬車が待ち構えていました。兵隊は馬車の鉄格子《てつごうし》の中にペテロを手荒く突っ込みます。早朝の日の光の中、ペテロの目に入ってきたのは見覚えのある面々でした。疲れ切った囚人たちは、ペテロの友人たちでした。アンデレ、ヤコブ、ヨハネ、ピリポ、トマス、マタイ、アルファヨの子のヤコブ、タダイ、シモン、マッテヤ、バルトロマイ・・・小羊の使徒であり、初代教会の創設者たちです。

大祭司は政治的権力を行使《こうし》し、他の犯罪者と同じようにイエスの弟子たちを逮捕し、共同の牢屋《ろうや》に閉じ込めるよう命じました。しかし夜が来ると同時に、並外《なみはず》れた奇跡《きせき》が起こりました。使徒の働き五章一九節にはこうあります。「**ところが、夜、主の使いが牢《ろう》の戸を開き、彼らを連れ出した。**」

なんと栄光あふれる解放でしょうか！　驚くべき証《あかし》です。神がふたたび御力《みちから》を現しました。初代の弟子たちは、自分たちは無敵だと思ったに違いありません。

命取りになる敵

その後に起きたことは、人間の性質上よくあることだったと思います。大勝利のただ中で、自己満足の暗雲《あんうん》が幾人かのクリスチャンを霊的に鈍《にぶ》らせました。

使徒の働き十二章では、教会に対する迫害《はくがい》がつづいています。しかし今回、事の発端《ほったん》を作ったのはヘロデでした。使徒たち全員を捕らえるのではなく、ヨハネの兄弟ヤコブだけを捕《つか》まえました。誰もが、ヤコブは大丈夫だろうと思い込んでいました。最終的に神は、使徒たちをみな解放したのだから、今回も同じことをしてくださるに違いないと思ったのです。しかしどうなりましたか。

祈祷会が開かれたとは書いてありません。徹夜の集会もありません。とりなしをしたとも書いてありません。すべてが順調で、誰も心配していませんでした。しかし束《つか》の間《ま》の平穏は打ち砕かれ、教会には恐ろしい知らせが届きました。ヤコブは死んだのです。邪悪な支配者の手で、処刑されてしまいました。

クリスチャンにとって、自己満足ほど危険な敵はありません。自己満足ほど陥《おちい》りやすいものはありません。鮮明な夢と同じで、揺り動かされるまで自己満足は消え去りません。神は憐《あわ》れみ深く忠実なお方です。しかし平穏無事なときは、その忠実さを当たり前のことと誤解し、信仰と思い込みを混同しやすくなるのです。

かつて誰かが言いました。「自己満足は生気《せいき》を吸い取り、心を鈍らせ、脳に支障《ししょう》をきたす。最初の兆候《ちょうこう》は、現状に満足することだ。第二の兆候は、事態の悪化を考えようとしないこと。『今のままで十分』という思いが今日の合言葉《あいことば》になり、明日も同じままだろうと考えてしまう。自己満足は、人があずかり知らぬことを恐れさせ、不確かなことに信頼させ、新しいものを嫌うように仕向《しむ》ける。自己満足する人たちは水と同じで、容易《ようい》な道、つまり下り坂を好む。彼らは過去を振り返り、偽《いつわ》りの強さにすがりつく。」（注5）

国でも個人でも家庭でも仕事でも、自己満足は同じ力を発揮します。それは勝利の敵であり、敗北の助手です。しかし祈りの生活ほど、自己満足が命取りになる領域はありません。特に人生が好調なときほど危《あぶ》ないのです。

究極の依存

私は十四歳のときにはじめて説教をしましたが、準備のために何週間も前から祈り、神の助けと祝福を乞《こ》いました。それがなければ、惨《みじ》めな結果に終わると知っていたからです。今は一週間で十二回以上説教するることがザラになりました。無数の大群衆の前で語るときでも、緊張《きんちょう》することはもうありませんが、危険はまさしくそこに潜《ひそ》んでいるのです。心地よく確信をもって講壇《こうだん》に立つことができるとしても、常に肝《きも》に銘《めい》じていなければならないのは、安心感は幻想《げんそう》にすぎないということです。並外《なみはず》れた語り口で的《まと》を突いた説教を語れても、主の祝福がなければ惨めな結果に終わるかもしれないのです。

安心感を強く覚えるほど、危険度は高まります。私たちが神の必要性を忘れるのは、快適な状況にあるときだからです。私が講壇に上がる前に、アメリカで授業を受けていたときに祈っていた祈りを祈るのはそのためです。その後アメリカは繁栄したために、祝福を与えてくださったお方に無関心になってしまいました。

「全能なる神よ、私にはあなたに対する究極の依存《いぞん》が必要です。あなたの祝福を乞い願います。」このように認めるとき、私たちは勤勉《きんべん》に祈ることができるのです。もし読者がこの認識に欠けているなら、あなたは危険極《きわ》まりない自己満足の原野《げんや》を、夢遊病《むゆうびょう》のように歩いているのかもしれません。

「眠っている人よ。目をさませ。死者の中から起き上がれ。そうすれば、キリストが、あなたを照らされる。」（エペソ五・14）

アモス六章一節で預言者はこう叫んでいます。「ああ。シオンで安らかに住んでいる者、**サマリヤの山に信頼している者。**」

イスラエルの子らは、繁栄《はんえい》と心地よさの中で無関心になっていました。彼らは緊張感を失い、神の事柄を気にしなくなっていました。しかし彼らが安全と思い込んでいたものは、神話に過ぎませんでした。災《わざわ》いを取りやめた神の憐れみは、限界に達していました。

七節を見ると、宴会はもう終わりだと主は言っています。

「それゆえ、今、彼らは、最初の捕《とら》われ人として引いて行かれる。身を伸ばしている者どもの宴会は取り除《のぞ》かれる。」

災いで打たれ、捕囚《ほしゅう》の鎖《くさり》で縛《しば》られて、ようやくイスラエルは主に立ち返りました。惨事《さんじ》や災いによって、自己満足から振り解かれる羽目《はめ》になることがありませんように。物事が順調なときでも、**「あなたがたの敵である悪魔が、ほえたけるししのように、食い尽《つ》くすべきものを捜《さが》し求めながら、歩き回って」**（第一ペテロ五・8）いることを認め、祈りの中で目を覚ましている方が遥《はる》かに良いのです。

一五七七年、サー・フランシス・ドレークはこう記しました。

私たちが自分自身を喜びすぎているとき
私たちの夢が実現したとき
主よ、私たちの眠りを覚《さま》してください。
私たちが夢見たことは余《あま》りにも容易《たやす》いことだったのです。
私たちが無事着岸《ちゃくがん》するとき
私たちの眠りを覚《さま》してください。
私たちは岸のすぐそばを航海していたに過ぎないからです。

私たちがあふれるほど豊かなとき
主よ、私たちの眠りを覚してください。
私たちはいのちの水に対する渇《かわ》きを忘れてしまったのです。
私たちがいのちに恋をして
永遠を追い求めるのをやめ
新しい地球を作ろうとするあまり
新しい天の幻《まぼろし》を見なくなったとき
主よ、私たちの眠りを覚してください。（注6）

誰もかれもが「リバイバル」を求めているようです。リバイバルは心地よく、楽しい経験になると思っているのです。しかし、リバイブされるには、うたた寝状態から揺り起こしてもらい、無関心な自己満足から目覚めさせてもらわなければなりません。驚かされ、気を引き締められ、驚愕《きょうがく》させられなければならないのです。「起こさないで」という札をドアにぶらさげたまま、リバイバルを祈り求めている教会がなんと多いことでしょう。心地よい揺《ゆ》り籠《かご》のようなリバイバルは、リバイバルとは言えません。リバイバルを祈る代わりに、フランシス・ドレーク卿《きょう》のように、「主よ、私たちの眠りを覚してください。」と祈るべきです。力強い祈りは、自己満足が終わりを告げるときにこそはじまるのです。

「ですから、ほかの人々のように眠っていないで、目をさまして、慎み深くしていましょう。」（第一テサロニケ五・6）

二章　扉を開く祈り

義人の祈りは働くと、大きな力があります。（ヤコブ５：１６）

ヤコブが殺害されると、ヘロデの宗教的敵対者《てきたいしゃ》であるユダヤ人は、彼の主導力に感動してヘロデを称賛《しょうさん》しました。それを見たヘロデは、いつも反発してくるユダヤ人を手なずける妙案《みょうあん》を思いつきました。

「それがユダヤ人の気に入ったのを見て、次にはペテロをも捕えにかかった。」（使徒の働き十二・3）。

今回は、以前と状況が大きく違います。ヤコブの死という悲劇は、クリスチャンたちを心の底から震《ふる》え上がらせました。パーティーではなく、プレイヤー（祈り）をする時が来ました。ペテロの解放の物語は、次のような注意深い序文ではじめられています。

「教会は彼のために、神に熱心に祈り続けていた。」（使徒十二・5）

この箇所《かしょ》には、大きな意味があります。なぜなら使徒の働きの著者は、これから起ころうとしている奇跡的な解放が、クリスチャンたちによる、熱心で継続的な祈りの結果であることを示そうとしているからです。

過《す》ぎ越《こ》しの週の最後の夜、ペテロは二人の屈強《くっきょう》そうな兵士の間で、鎖《くさり》につながれていました。その夜はペテロにとって、この世で最後の夜でした。数日前に殺されたヤコブと同じように、翌朝には処刑《しょけい》されることになっていたからです。しかし聖書は、「すると突然」天から光が差し込み、暗い獄屋《ごくや》を照らしたと記しています。

ペテロの独房《どくぼう》に、主の御使いが現れたのです。天使は、ペテロの脇《わき》をこづいて言いました。

「急いで立ち上がりなさい！」

使徒の働き十二章七節には、興味深い事実が書かれています。ペテロの鎖が、「**彼の手から落ちた**」のです！　天使がペテロの両手から鎖を引きちぎった、とは書いてありません。自然に手から落ちたのです。

天使はペテロに言いました。「**上着を着て、私について来なさい。**」二人は最初の衛兵所《えいへいじょ》を通り過ぎました。衛兵たちは、ペテロの逃亡に気づいていたはずです。その後二人は、一番厄介《やっかい》な障壁《しょうへき》に近づきます。大きな鉄の門です。この門が、表の通りと牢獄を仕切っています。外の世界は、この門のおかげで危険な囚人たちから守られています。この障害物《しょうがいぶつ》は、どうにも克服《こくふく》できそうにありません。しかしペテロは心配していませんでした。ただの夢だと思っていたからです。

十節にはこうあります。二人がその門のところまで来ると、「**門がひとりでに開いた。そこで、彼らは外に出て、ある通りを進んで**」行った。すると天使は姿を消し、ペテロはそれが幻ではなかったことに気づきます。本当に解放されていたのです！

見えざる御手

この箇所に表されているテーマがわかりますか。物語の中では、あらゆる妨害《ぼうがい》、あらゆる障壁《しょうへき》、あらゆる障害物《しょうがいぶつ》はまったく役に立ちませんでした。鎖はペテロの手から落ち、守衛には逃げ出すペテロが見えず、遂《つい》には鉄の扉が開きました。もっとも驚かされるのは、これらの奇跡が、まるでひとりでに起きたかのように見えることです。力ある天使が遣《つか》わされてペテロを牢獄《ろうごく》から連れ出したのは確かですが、天使は鎖に触れていませんし、守衛《しゅえい》や扉にも触れていません。奇跡のわざは、見えざる御手による強い力を受けているように思えます。

五節においてとりなしの祈りが強調されていることから、すべての奇跡が起きたのは、聖徒の祈りによることがはっきりわかります。「**教会は彼のために、神に熱心に祈り続けていた。**」

リスチャンたちの祈りが原動力《げんどうりょく》となって鎖が緩《ゆる》み、障害物《しょうがいぶつ》が取り除《のぞ》かれ、鉄壁《てっぺき》の扉が開いたのです。

次に挙《あ》げるイエスの言葉は、ペテロに語られました。「**わたしは、あなたに天の御国のかぎを上げます。何でもあなたが地上でつなぐなら、それは天においてもつながれており、あなたが地上で解くなら、それは天においても解かれています。**」（マタイ十六・19）

おお、わが友よ。祈ることによって、信じがたい力を自分も引き出すことができるという考えが少しでも私たちにあったなら、「**絶えず祈りなさい。**」（第一テサロニケ五・17）というパウロの勧めに、いとも容易く従うことができるでしょう。

祈りは、この世にインパクトをもたらすために神が選んだ手段です。ジョン・ウェスレーはかつて言いました。

「神が何かをするとき、それは必ず祈りの答えなのだ」と。とりなしの祈りは、人間にしかできない特権《とっけん》です。どんな天使であっても、人のためにとりなすことはできません。どんな天使であっても、自分の意志で地上の事象《じしょう》に介入《かいにゅう》することはできないのです。神が人に権威《けんい》と責任《せきにん》を与えた理由は、地上の出来事に影響《えいきょう》をもたらすことにより、栄光を現すためです。

聖書によれば、イエスは今この瞬間《しゅんかん》も、私たちのためにとりなしつづけています。イエスご自身が直接そのような役割を果たしているのです。つまりとりなしの祈りには、それほど重要な意味があるということです。とりなし手という職務《しょくむ》に就《つ》くことができるのは、人間だけです。イエスも例外ではありません。思い出してください。主は今でも一〇〇パーセント神であり、一〇〇パーセント人間なのです。それは永遠に変わることがありません。永遠という時の流れの中で、イエスは神という非物質的《ひぶっしつてき》な存在でした。創造神《そうぞうしん》の一位格《いちいかく》でした。考えるだけでも荘厳《そうごん》なことです。のちに聖霊がマリアを覆《おお》い、キリストを懐妊《かいにん》させました。その瞬間からイエスは神人《じにん》となり、いまも神人《じにん》であり、永遠に神人でありつづけるのです。

ルカ二十二章六九節でイエスは、**「しかし今から後、人の子は、神の大能の右の座に着きます。」**と言っています。イエスはいま栄光を受け、父なる神の右の座についています。主イエスは神格《しんかく》のおひとりですが、人間でもあります。実際イエスは、いまでもご自分を「人の子」と呼んでいます。

聖書は、「主の体は栄光を受けた人間の肉体である。」とはっきり述《の》べています。しかも地上で経験した十字架の傷が、いまもそのまま残っています。それは永久になくなりません。主は手と足と脇腹《わきばら》に、結婚指輪のように、私たちへの永遠の愛を表す傷を持ちつづけるのです。もちろん主はその傷を消し去り、完全無垢《むく》な体になることもできたでしょう。しかし主にとってその傷は、もっとも誉《ほまれ》あるものであり、もっとも誇《ほこ》らしいものなのです。地球への来臨《らいりん》は、主にとって永遠の変わり目となりました。主が受肉以前《じゅにくいぜん》の状態に戻ることは永遠にないのです。

ジョアン・オズボーンの歌は、私が十代の頃に作られました。おり返しの部分にはこうあります。「もし神が私たちの一人だったら、どうだろう。バスに乗る見知らぬ乗客のように、神が家に帰ろうとしているとしたら、どうだろう。」

ジョアンが理解していなかったのは、「神はまさに私たちのようであった。」ということです。主は、私たちが体験するあらゆる困難《こんなん》や誘惑《ゆうわく》、不快感《ふかいかん》を体験されました。それどころか、私たちが決して理解できない苦しみをも、知っておられるのです。主は私たちと同じようでした。しかし驚くべきことは、いまも同じようだということです。主は、永遠に私たちと関《かかわ》りを持つことを選びました。しかもこれ以上に近しい方法はない、というくらいのやり方です。主の受肉《じゅにく》は、主が憐れみ深く忠実《ちゅうじつ》な大祭司《だいさいし》であることを保証《ほしょう》する、資格証明書《しかくしょうめいしょ》なのです。

もし、とりなしの祈りが、キリストご自身を天における中心的な役割とするほど重要なものであるなら、とりなしに召《め》されることに大きな意味があることは言うまでもありません。とりなしは人の特権《とっけん》であるばかりか、神聖な義務でもあるのです。イエスは「多くの兄弟たちの中の長子《ちょうし》」として模範《もはん》を示《しめ》すことにより、私たちを先導《せんどう》しているのです。

爆発的な祈り

ラインハルト・ボンケはかつて言いました。「人には神が必要だ。しかし神には人が必要だ。両者が神の目的ために協力するなら、どんなことでも可能になる。」

祈り方を知っている人が、信仰によって超自然的に神に同意するなら、核爆弾《かくばくだん》よりも大きな力が生まれます！　主の民が神の目的に同意して、その目的が地上に成《な》るようにと祈るとき、天と地によるコラボレーションが実現するのです。ヤコブ五章一六節が云《い》わんとしているのは、未《いま》だに知られていない御言葉《みことば》の真理です。「**義人《ぎじん》の祈りは働くと、大きな力があります。**」

詳細訳聖書《しょうさいやく》はこう訳しています。「**義人の熱心な祈りは、計《はか》り知れない力を引き出す。**」ここに書かれている「力」という言葉は、「ドゥーナミス」というギリシャ語を訳したものです。厳密《げんみつ》には、「力、持って生まれた能力、収容能力、どんなことでも行《おこな》える能力」などの意味があります。この「ドゥーナミス」という言葉は、強力な爆薬《ばくやく》である「ダイナマイト」の語源《ごげん》となった言葉から派生《はせい》したのです。(注7)　聖書によれば、天のダイナマイトが爆発するような潜在的《せんざいてき》な力が、私たちの祈りの中にあるのです。

信仰による祈りは、悪魔の策略《さくりゃく》を破壊《はかい》し、あらゆる障壁《しょうへき》を打ち砕《くだ》いて道を拓《ひら》き、あらゆる門を吹き飛ばして神の祝福を最大限に引き出す力があるのです。力というのは、そういうものです。二人以上のクリスチャンが信仰によって同意して、ひとつのことのために天に向かって願うなら、天のデューナミスが解き放たれて、幾何級数的《きかきゅうすうてき》に増幅《ぞうふく》するのです！

人は、目の前の状況《じょうきょう》に対して無力だと、敵によってだまされている限り、私たちは弱々しい影響力《えいきょうりょく》しかもたらすことはできません。しかし主の願いはそうではありません。遥《はる》かに大きく、ずっと深いのです。

三章　重要なのは祈り

主はこう仰せられる。「人間に信頼し、肉を自分の腕とし、心が主から離れる者はのろわれよ。」（エレミヤ一七・5）

使徒の働き十二章のはじめのところで、ルカはペテロの解放を詳述《しょうじゅつ》する前に、ヘロデによるヤコブの処刑を伝えています。ルカは二つの出来事を比較対照《ひかくたいしょう》しているように思えます。両者の違いは、背後《はいご》に教会の祈りがあるかないかです。もし教会がペテロのときと同じように、ヤコブのためにも祈っていたら、どうだったのでしょうか。違《ちが》う結果になっていたかもしれません。

預言者エリヤは、この原則の素晴らしい模範《もはん》を示しています。雨を送ると主はエリヤに約束しましたが、それまでの三年半、イスラエルは飢饉《ききん》で苦しみました。

それから、かなりたって、三年目に、次のような主のことばがエリヤにあった。「アハブに会いに行け。わたしはこの地に雨を降らせよう。」（第一列王記一八・1）

しかし同じ章の最後では、約束が与えられています。エリヤは、その約束の成就《じょうじゅ》のために祈っています。彼は地面にひれ伏《ふ》し、両肘《りょうひじ》の間に顔を埋《う》めました。彼は七回しもべを遣《つか》わし、雨の兆候《ちょうこう》を探させます。しばらくすると、ヤコブ五章一七節にこうあります。エリヤは「**熱心に祈った**」（新共同訳）。ある人は、神がすでに約束しているのに、祈る必要があるのだろうかと疑問に思うかもしれません。しかしエリヤは、約束には、祈りによるパートナーシップが必要であることを知っていました。神の子どもたちへの約束はたくさんありますが、それらは信仰と祈りによって握《にぎ》りつづける必要があるのです。そうです！　だからこそ、祈りは重要なのです。祈りには世界を変える力が、秘《ひ》められているのです。

破《やぶ》れ口に立つ

エゼキエル二十二章三〇〜三一節にこうあります。

「わたしがこの国を滅《ほろ》ぼさないように、わたしは、この国のために、わたしの前で石垣《いしがき》を築《きず》き、破れ口を修理《しゅうり》する者を彼らの間に捜《さが》し求めたが、見つからなかった。それで、わたしは彼らの上に憤《いきどお》りを注ぎ、激しい怒りの火で彼らを絶滅《ぜつめつ》し、彼らの頭上に彼らの行ないを返した。――神である主の御告げ。――」

この箇所は、男たちが顔と顔を合わせ、剣《つるぎ》と剣を交《まじ》え、手と手で戦っていた時代について語っています。細い道に立ちふさがり、敵の軍隊を一手に引き受けた人たちにまつわる、数多くの旧《ふる》い言い伝えがあります。時には少人数からなる集団であり、時にはたった一人で防《ふせ》ごうとした場合もありました。サクソン人の軍隊をスタンフォード・ブリッジでくい止めた、有名な孤高《ここう》のバイキングの物語にもそのような場面が描かれています。

あるいはローマの英雄《えいゆう》、橋の上のホラティウスの伝説もあります。ホラティウスは、エトルシア人の軍隊を足止めしてローマの街を救いました。戦いの中で都市の壁が崩《くず》され、破れ口ができてしまった場合、戦士はそこに立ちはだかって敵軍と対峙《たいじ》し、自分を犠牲《ぎせい》にして街を守りました。戦士たちは、それを栄光の極《きわ》みと考えていました。

ところがエゼキエル二十二章から三十章では、主が破れ口に立つ者を探しても、誰一人見つかりませんでした。戦士はどこへ行ったのでしょうか。とりなし手はどこにいるのでしょうか。壁が破られたとき、破れ口に立つこと以上に、重要なことがあるでしょうか。

敵は働きつづけ、私たちの人生の壁を打ち破り、イエス・キリストの教会に侵入しようとしています。私たちは敵の猛攻撃《もうこうげき》を、日々目《ま》の当《あた》りにしています。神の人が罪に陥《おちい》り、家庭は引き裂《さ》かれ、教会は分裂《ぶんれつ》し、人々は病気にかかっています。にもかかわらず神の人たちは、しばしば惨劇《さんげき》を傍観《ぼうかん》し、それを新しい話のネタにしています。

しかし主はそれを喜んでおられません。私たちは噂話《うわさばなし》をしたり、傍観者になるために召されたのではありません。破れ口に飛び込み、石垣を築き、破れ口を守るように召されているのです。私たちがそれに失敗するなら、それ相応《そうおう》の被害が生じます。だからこそ、祈りは深刻《しんこく》な問題なのです。生きるか死ぬかの問題です。ひとりの人が戦略的に祈りに取り組むなら、主はその人の祈りを、大いなる勝利と栄光のために用いることができるのです！

主の誉《ほま》れと栄光のため

私たちは物質の世界に住んでいます。私たちの肉の目には、この世にある物質的必要がいつも溢《あふ》れるばかりに見えています。しかし敵の基本戦略においては、実のところ私たちが問題にしていることは、些細《ささい》でとりとめのないものなのです。

こう考えてみてください。晴れ渡った日に、高度九千メートルの飛行機の窓から地上を見ると、地上でもっとも壮大《そうだい》で巨大《きょだい》な人工建造物であっても、ほとんど見ることができませんし、印象《いんしょう》にも残りません。そして宇宙規模で考えるなら、高度九千メートルという高さも、ほんの至近距離《しきんきょり》ということになります。（たったの九キロメートルにすぎません。）

夜空の星を見上げると、（太陽以外で）地球からもっとも近い恒星《こうせい》でも、二五兆マイルも離れています。（一マイルは約一・六キロメートル）

私たちの限りある理解では、それは途方《とほう》もなく長い距離に思えますが、実際は比較的近く、約四光年《こうねん》と少ししか離れていません。（注8）

八万光年も離れている他の恒星と比べて見てください。そのような恒星が四千億個もあるのです。それも銀河系内《ぎんがけい》だけです。もし読者が、自分は小さな存在だと感じているなら、この程度でびっくりしてはいけません。観測《かんそく》可能な宇宙にだけでも、銀河がなんと七兆個以上もあるのです。そしてそれらが数百億光年の範囲《はんい》に散在《さんざい》しているのです！

少しの間でいいので、人間がどれほどちっぽけな存在か考えてみてください。九千メートル上空から地上を見たら（それは光年にしたら、十億分の一秒にもなりませんが）、人間など、もはや見ることができません。しかしいま私たちは、数百億光年の距離について話しているのです。宇宙を基《もと》にして考えるなら、地球自体がごくごく微細《びさい》な塵《ちり》にも満たない存在です。人間なぞは微生物《びせいぶつ》です。（注9）

しかし話はまだ終わりません。というのは、この宇宙の人知《じんち》を超《こ》えた広大さは、物質界というちっぽけな領域《りょういき》でしかないのです。イザヤ五七章一五節は、主は永遠の住まいに住んでいると言っています。つまりこの宇宙は、無限の空間の中に存在する、終わりなき大海の一滴《しずく》にすぎないということです。

友よ、あなたを怯《おび》えさせる問題が如何《いか》なるものだとしても、あなたがどれほど大きな必要を抱《かか》えているとしても、実際は余《あま》りにも小さく、取るに足らないものだということです。そのようなつまらない私事《わたくしごと》に、なぜ全知全能の神が、偏在《へんざい》する永遠の神が、わざわざ介入《かいにゅう》する必要があるというのでしょうか。それは私たちの人生を、ご自分が誉《ほま》れと栄光を受けるための台座として、用いることを望んでおられるからです。私たちが誕生したその日から、この世を去る日まで、私たちには存在すべき理由があるのです。つまり、主の栄光を現すことです。

私たちが直面する問題は、どうして重要なのでしょうか。それは、問題をとおして主の栄光が現れる可能性があるからです。自分自身の必要や願いのために祈った場合、その祈りは、いとも容易《たやす》く自己中心的になってしまうかもしれません。しかし究極的《きゅうきょくてき》なことを言えば、たとえ祈りが答えられて私たちが益《えき》を見たとしても、それは私たちの責任ではありません。主の責任です。

現代哲学《てつがく》は人間中心主義の思想です。万物《ばんぶつ》が存在する目的は、人類の幸福のためだと教えています。私たちはこの概念《がいねん》が、神との関係に当てはまると信じさせられています。つまり主の中心的な目標と目的は、私たちを幸せにし、健康にし、豊かにし、快適《かいてき》にすることだと教えられています。

しかし聖書は逆《ぎゃく》のことを教えています。黙示録四章十一節は、私たちが造られたのは、神の喜びのためだと言っています。第一コリント六章二〇節にはこうあります。「**あなたがたは、代価を払って買い取られたのです。**」

神癒《かみゆ》を例に挙げましょう。人が超自然的に癒《い》やされたとしても、その人もいつかは亡《な》くなります。例外はありません。すると、ある人は疑問に思うかもしれません。「どうせ死ぬなら、癒やされた意味はどこにあるのだろうか？」と。本当の目的は、主が誉れを受けることにあるのです。ですから私たちが抱えている問題は間違いなく重要であり、永遠の意義を持っています。なぜなら主の栄光は、永遠に重要なものだからです。

ヨハネ九章二節で弟子たちは、生まれつきの盲人《もうじん》についてイエスに尋《たず》ねました。「**先生。彼が盲目《もうもく》に生まれついたのは、だれが罪を犯《おか》したからですか。この人ですか。その両親ですか。**」三節でイエスが答えます。「**この人が罪を犯したのでもなく、両親でもありません。神のわざがこの人に現われるためです。**」

弟子たちは、この病《やまい》が本人の問題なのか、両親の問題なのかを知りたがっていましたが、イエスの答えはどちらでもありませんでした。重要なのは、神の栄光が現れることだったのです。

天国には何種類かの書物があると、聖書は教えています。そのひとつは「**いのちの書**」と呼ばれています。もうひとつは「**記憶《きおく》の書**」（マラキ三・16）です。さらに黙示録二〇章十二節には、その他にも「**数々の書物**」があると書かれています。私は、その中の一冊は画像《がぞう》の記録だと思っています。その書物には、人類の歴史のいろいろな場面を写した、小さなスナップ写真がたくさん保存されているのです。ノアが箱舟を建造している写真もあると思います。主がアブラハムと契約《けいやく》を結んだときの写真もあると思います。ヤコブが受肉前《じゅにくまえ》の主と、格闘《かくとう》したときの写真もあるでしょう。モーセがイスラエルの子らを、エジプトから連れ上る写真もあります。ペテロが水上歩行している写真もです。読者の人生に起きた出来事の写真もあるかもしれません。

これらの写真は、どれも主の民が主に信頼した場面を写《うつ》した想い出の写真です。それらの写真は、どういうことか理解できないまでも、信仰によって従ったときの写真であり、死に至るまで忠実であった写真であり、人の弱さを通して神の力が完全に現れたときの写真です。

この地球が溶《と》けてから無数の年月が過ぎ、「現実」と思われていたものはすべて永遠に消え去ってしまいました。あなたの最高の想い出も、最悪の想い出も、あなたの苦しみも勝利も、あなたの痛みも喜びも、覚《さ》めてしまった夢のようになるでしょう。そのとき、この世界で唯一の記念として残っているのが、主のアルバムのスナップ写真です。すべての写真についているキャプションはどれも同じで、「主の栄光と誉れのため」と書かれています。これこそ本当に重要なものです。主の永遠の栄光に比べれば、私たちの感情や欲望《よくぼう》、願いや喜びは、究極的《きゅうきょくてき》には無意味です。だからこそ祈るのです。だからこそとりなすのです。地上での人生が潤《うるお》うためだけでなく、主の永遠の御国が前進するためにです。

墓穴《ぼけつ》を掘《ほ》る王様

旧《ふる》い讃美歌の歌詞にこうあります。

平安奪《うば》われること多し
我なにゆえ無用なる痛みを抱《かか》えん
其は祈りの内に、主に委《ゆだ》ねざるが為《ため》なり

人生に主の介入《かいにゅう》を望まない人が多いことには驚かされます。ビジネスや家庭、経歴《けいれき》、人生の重大事に関する決断《けつだん》をするとき、人々は有資格《ゆうしかく》のカウンセラーを探し求めます。逆に、彼らを助けたいと願う宇宙の王の前には、跪《ひざまず》こうとしません。主は私たちの人生をとおして栄光を現したいと思っていますが、往々にして私たちは、主にその権限を譲《ゆず》ろうとしません。

主にお伺《うかが》いを立てないというのは、残念というだけでは事足りません。創造主であり、世界の保持者《ほじしゃ》であり、供給者《きょうきゅうしゃ》である方に人生の決定権を持たせないなら、文字通《もじどお》り神を怒《おこ》らせることになります。

第二歴代誌十六章九節にはこうあります。「**主は世界中至《いた》るところを見渡され、御自分と**

心を一つにする者を力づけようとしておられる。」（新共同訳）。この聖句は、様々な場面でよく引用される箇所です。しかしこの聖句の前後の脈絡《みゃくらく》の内容を知ったら、読者は驚くかもしれません。その箇所は知恵をもたらすと同時に、私たちへの戒《いまし》めにもなる内容です。

イスラエルの王バシャはユダに戦いを挑《いど》み、ラマに砦《とりで》を築いて包囲《ほうい》し、民を餓死《がし》させようとしました。そこでユダの王アサは、**「主の神殿と王宮の宝物庫《ほうもつこ》から銀と金を取り出し…アラムの王ベン・ハダドに贈って言った。『わたしとあなた、わたしの父とあなたの父との間には同盟《どうめい》が結ばれています。…イスラエルの王バシャとの同盟を直ちに破棄《はき》し、彼をわたしから離《はな》れ去らせてください。』」**（第二歴代誌十六・２～３）

アサ王は主の家から取り出した黄金で、アラム人と同盟を結びました。彼らは下って来て、ユダ王国をバシャの手から救い出しました。一見ハッピーエンドに見えますが、主はハッピーではありません。主の願いはユダの守護神《しゅごしん》となることであり、解放者《かいほうしゃ》になることでした。しかしアサは、その立場をアラムに譲《ゆず》ってしまったのです。主の家から黄金を取り出し、他の者に与えたのと同じように、アサ王は主の栄光を主から奪《うば》い去り、他の者に与えたのです。

そこで主は預言者ハナニを遣わし、アサ王に言わせました。**「あなたはアラム王を頼《たの》みとし、あなたの神、主を頼みとしなかった。それゆえ、アラムの王の軍隊はあなたの支配を離れる。クシュ人とリビア人は非常に多くの戦車と騎兵《きへい》を有する大きな軍隊であったが、あなたが主**

を頼みとしたので、主は彼らをあなたの手に渡されたではないか。主は世界中至《いた》るところを見渡され、御自分と心を一つにする者を力づけようとしておられる。この事について、あなたは愚《おろ》かだった。今後、あなたには戦争が続く。」（第二歴代誌十六・7〜9）

アサは恐れから主ではなくアラムの王を求め、彼に信頼することを選びました。しかしそれは、主を怒らせせました。その結果、主はアサが最も恐れていたものに彼を引き渡します。

「今後、あなたには戦争が続く。」と、主に介入していただかなかったために、アサは、自分が避《さ》けようとしていたものを招《まね》いてしまいました。**「主に身を避けることは、人に信頼するよりもよい。主に身を避けることは、君主たちに信頼するよりもよい。」**（詩篇一一八・8〜9）

主はどれほど頻繁《ひんぱん》に、私たちを助けようとしていることでしょうか。しかし私たちは、決して主のほうに向こうとせず、主に介入させませんでした。主は私たちが直面する危機《きき》をとおして、栄光を現そうとしていたのです。そのために私たちはしばしば平安を奪《うば》われ、無用な重荷《おもに》を負《お》って苦しんできました。それは私たちが、主を尋ね求めなかったからです。もっと悪いことに、主が栄光を現す機会を喪失《そうしつ》してしまいました。

さらに驚かされるのは、三節先でアサが同じ過《あやま》ちを繰《く》り返していることです。

「それから、アサはその治世の第三十九年に、両足とも病気にかかった。彼の病は重かっ

た。ところが、その病の中でさえ、彼は主を求めることをしないで、逆に医者を求めた。アサは、彼の先祖たちとともに眠った。すなわち、その治世の第四十一年に死んだ。」（第二歴代誌十六・12～13）

私が云わんとしていることがお判《わか》りいただけたでしょうか。私はアサの物語をとおして、とても重要な原理を伝えようとしています。アサは神の代わりに、異邦人《いほうじん》の軍隊に助けを求めました。その結果、彼は恒久的《こうきゅうてき》に戦いに巻き込まれることになりました。さらにアサは病にかかったとき、主ではなく医者に癒やしを求めました。その結果、死を招きました。主は彼を助けたかったのです。敵から助けたかったし、病を癒やしたいと思っていました。しかし不適切《ふてきせつ》な理由から（私たちの多くもそうかしれません）、アサは本来重視《じゅうし》すべき方である主を蔑《ないがし》ろにし、自ら災《わざわ》いを招《まね》いてしまいました。

同じ章の最後の節でアサの生涯が要約されていますが、その説明には軽蔑《けいべつ》が込められています。**「そこで、人々は、彼が自分のためにダビデの町に掘っておいた墓に彼を葬《ほう》り、香料《こうりょう》の混合法《こんごうほう》にしたがって作ったかおりの高い香油《こうゆ》や香料に満ちたふしどに彼を横たえた。そして、彼のために非常にたくさんの香をたいた。」**

実質的にアサは、自ら墓穴《ぼけつ》を掘ったのです。これは彼が、主の力ではなく肉の力に寄り頼んだからです。アサの不忠実ゆえに、主は蔑《さげす》まれました。それで主は彼を、彼が恐れていた

ものに引き渡したのです。「人間に信頼し、肉を自分の腕とし、心が主から離れる者はのろわれよ。」（エレミヤ十七・5）

似たような物語が、第二列王記一章にもあります。そこではアハズヤ王が屋上の欄干《らんかん》から落ちて怪我《けが》をします。王はエクロンというペリシテ人の街に使いを送り、彼らの神バアル・ゼブブに治るかどうか伺いを立てます。

そのころ、主の使いがティシュベ人エリヤに告げた。「さあ、上って行って、サマリヤの王の使者たちに会い、彼らに言え。『あなたがたがエクロンの神、バアル・ゼブブに伺いを立てに行くのは、イスラエルに神がいないためか。それゆえ、主はこう仰せられる。あなたは上ったその寝台《しんだい》から降りることはない。あなたは必ず死ぬ。』」それで、エリヤは出て行った。（第二列王記一・3〜4）

主に伺いを立てなかったアハズヤの失敗は、主の激《はげ》しい怒《いか》りを招《まね》きました。

こんにち、試練《しれん》の中で主に信頼《しんらい》せず、主を求めないために苦しんでいるクリスチャンが大勢《おおぜい》います。主に信頼することを選択するのは、難しいかもしれません。弁護士《べんごし》や医師、同僚《どうりょう》やカウンセラー、あるいは自分自身に信頼するほうがずっと簡単《かんたん》かもしれません。しかしそれらのものに信頼した結果、多くの人は、恐れていたものに捕《と》らわれてしまいます。そしてそのときになってから、「主よ、なぜですか」と叫びます。どうにもならなくなるまで待たずに、主に叫《さけ》んでください。お会いできる間《ま》に、近くにおられるうちに、主を呼び求めてください（イザヤ五十五・6参照）。あなたが直面している困難《こんなん》は、主が栄光を受ける機会であることを覚えましょう。

主の永遠の栄光

ペテロの投獄《とうごく》は、悲劇にも勝利にもなり得る出来事でした。ペテロの解放を祈るためにマリヤの家に集まったクリスチャンたちにとって、彼らの不安は差《さ》し迫《せま》ったものでした。クリスチャンたちは、偉大《いだい》な使徒《しと》であり、友であり、指導者であるペテロが死んでしまうかもしれないと恐れていました。恐らく、苦しみと残虐《ざんぎゃく》な処刑に直面していたペテロに、彼らは感情移入《かんじょういにゅう》していたはずです。しかしもっと重要なものが、危機《きき》に晒《さら》されていました。主の永遠の栄光です。とりなし手たちは、まさか後々の世代にまで語り継《つ》がれるほど並外《なみはず》れた方法で、ペテロが解放《かいほう》されるとは予想していなかったはずです。この驚くべき証《あかし》によって、私たちを含《ふく》めて、どれほど多くの人が感銘《かんめい》を受けたことか。しかしその時、もし幾人《いくにん》かの祈りの戦士が破れ口に立ち、熱心に祈っていなかったら、この出来事は歴史的な悲劇に終わったかもしれないのです。

主が切に求めているのは、私たちをとおして栄光を受けることです。読者がいま直面している厳《きび》しい状況は、不信仰な世に対して主が力強い奇跡《きせき》をなそうと用意した舞台《ぶたい》かもしれません。主は世界中至《いた》るところを見渡され、御自分を力強く現すことのできる人物を探しておられるのです。主の願いは、あなたの病《やまい》をとおして栄光を受けることです。主の願いは、あなたの経済危機をとおして誉《ほま》れを受けることです。あなたの家族の問題をとおして、称賛《しょうさん》を受けることです。主に寄《よ》り頼《たの》んでください。主に伺《うかが》いを立ててください。主が何を考え、何を願っているのかを聞いてください。

主はあなたが「苦しむとき、そこにある助け」になろうとしています。主からその機会を奪《うば》い取ってはいけません。肉の腕に寄り頼んではいけません。自ら墓穴《ぼけつ》を掘ってはならないのです。

四章　解放する祈り

見よ。主の御手《みて》が短くて救えないのではない。その耳が遠くて、聞こえないのではない。

（イザヤ五九・1）

主は私たちの期待を超えて、私たちのとりなしの祈りに応えたいと思っています。とりなすことは、人間が介入《かいにゅう》することではありません。とりなしの祈りは、主から出たものです！主は私たちを、祈りによる主のパートナーとして召《め》されました。主は多くのたましいを救うため、都市や地域や国々に御力《みちから》を現したいと願っています。闇《やみ》の中を歩む人々に、ご自身を現したいのです。その人たちが福音《ふくいん》の光を見て、御もとに来ることを願っています。地獄が空になり、天が満ちることを願っているのです。

主はこれまで、必要とされるあらゆる手段《しゅだん》を、イエスの力強い御名《みな》による祈りと信仰によって、主の民（教会）に与えてきました。それは、御心に従《したが》ってそれらを用《もち》いるときにのみ、御心が成《な》されるためでした。主は御国の鍵《かぎ》を、私たちの手に託《たく》しました。それは私たちが天の宝物蔵《ほうもつこ》を開き、諸国を縛《しば》る鎖《くさり》を解《と》き、くびきを打ち砕《くだ》き、呪《のろ》いを断ち切るためです。

呪いを断ち切る

私たちは世界中の大規模なゴスペル・キャンペーンで、呪いの鎖が断ち切られるのを見てきました。私たちはアフリカの多くの村で奉仕《ほうし》していますが、そこの村人たちは、呪いや悪霊の働きを恐れながら暮らしています。呪いや悪霊のために、何世代にもわたり、村人たちは霊的束縛《れいてきそくばく》と恐怖《きょうふ》に捕《とら》えられています。そういった霊的要塞《れいてきようさい》の名前は、大抵《たいてい》、現地の人々には知れ渡っています。しかし村人たちは、あえてそれを口にしようとしません。名前の背後に働く、悪霊の力を恐れているからです。

私たちがゴスペル・キャンペーンを行うときは、十字架の力をもって悪霊の力に立ち向かいます。地域特有の呪いのリストが用意され、巨大な音響設備《おんきょうせつび》を使って呪いを一つひとつ読み上げ、イエスの御名によって断ち切っていくのです。呪いがすべて断ち切られると、群衆《ぐんしゅう》から「アーメン」と叫ぶ声が上がります。そして鮮《あざ》やかな自由と喜びの感覚が広がり、人々は歌い踊りはじめるのです。

ある街ではまじない師たちが「聖なる石」を積み上げ、占《うらな》いをしていました。その石が、まじない師たちに語り掛けるのだそうです。ところが私たちのキャンペーンが終わった後、まじない師たちは不平を言い出しました。「石が何も言わなくなった。」というのです。祈りには敵の力を打ち砕き、すべての鎖を断ち切る力があるのです。

恐怖の穴から

一九一九年の出来事についてお話しします。私の曾祖父《そうそふ》は、遡《さかのぼ》ること十一年前にアメリカに移民《いみん》し、ミシガン州のピジョン市に定住していました。そこでドイツ人教会を牧会《ぼっかい》していました。自宅で行っていた小集会が成長したのです。(注10) 子供の頃、私は、よくマティス・ナギの話を聞きました。マティスの証は、彼を知る人々の心に、永遠に消えない残像を残しました。ナギの妻は曾祖父《そうそふ》の教会のメンバーでしたが、マティスの心には闇《やみ》がありました。その闇のゆえにマティスには神がわからず、教会を酷《ひど》く嫌っていました。

マティスにはときどき不思議な力が臨《のぞ》み、不可解《ふかかい》な行動をとっていました。マティスは納屋《なや》の上から真っ逆《さか》さまに飛び降りても、怪我《けが》一つしないことで知られていました。彼に悪霊の力が働いていたことは、誰の目にも明らかでした。教会の指導者たちも何度も彼を注意しましたが、無駄《むだ》に終わりました。私の叔父《おじ》のジョンが言うには、(注11) マティスにこう話したことがあったそうです。「あなたが選んでいる道は、あなたを滅《ほろ》びに導《みちび》いています。あなたは悪魔に完全所有される恐れがあります。そんなことをするのはもうやめて、主の前にへりくだりなさい。そうすれば主が助けてくださいます。」しかしマティスは、聞く耳を持ちませんでした。

ある晩、口論《こうろん》をしてカッとなっていたマティスは、それまで影響を受けてきた力に身を任《まか》せてしまいました。そのあといくつかの出来事がありましたが、彼の記憶にはまったく残りませんでした。彼は悪霊の力に、完全に支配されたのです。

ナギ夫人は買い物のために街に出かけ、家を空《あ》けていました。夫人が帰宅すると、手に斧《おの》を持ち、玄関前に佇《たたず》む夫のシルエットが見えました。夫人が近づいていったとき、一抹《いちまつ》の不安が脳裏《のうり》を過《よぎ》りました。何かがおかしい…。血まみれになった夫を見たとき、夫人の不安は恐怖に変わりました。夫の目は完全に虚《うつ》ろでした。夫人は急いで車に乗り、祖父の教会に向かいました。

「急いで来てください。」夫人は懇願《こんがん》しました。マティスは、祖父と教会の長老たちが家に近づいてくるのを見ると、恐れて叫び出しました。近づいてくる祖父たちを見ながら、血まみれのまま意味不明の言葉を呟《つぶや》いていましたが、彼のほうから祖父たちに近づくことはできませんでした。するとその瞬間彼は走り出し、森の中に消え去りました。家の中に入ったナギ夫人と長老たちは、悍《おぞ》ましい光景《こうけい》を目にしました。マティスは残虐《ざんぎゃく》にも、自分の母親と三人の子供たちを殺害《さつがい》していたのです。

この悍《おぞ》ましい行為の知らせは、小さな農業地帯に野火《のび》のごとく広まりました。近隣《きんりん》の地域は恐怖に包《つつ》まれました。農夫の家々では、妻が納屋《なや》に牛の乳搾《ちちしぼ》りに行くときは、夫が同伴《どうはん》しました。錯乱状態《さくらんじょうたい》で森に逃げ込んだ悪霊憑《あくれいつ》きを恐れ、農夫たちは農場に出ませんでした。

しばらくして、ようやく警察がマティスを捕らえ、留置所《りゅうちじょ》に連行《れんこう》しました。しかしマティスが余《あま》りにも暴《あば》れてどうにもならないため、独居房《どっきょぼう》に入れられました。留置所では、マティスは着ていた服をみな引きちぎり、裸《はだか》で座っていました。彼が叫びまくるので、自害《じがい》しないように拘束《こうそく》されました。

裁判官《さいばんかん》は彼が完全に心神喪失《しんしんそうしつ》状態にあると判断し、裁判にかけずに、百六十キロ離れたミシガン州ポンティアックの保護施設に送りました。

医師からナギ夫人に連絡があり、夫は治《なお》る見込みがなく、日毎に状態が悪化していると言われました。マティスが長く生きられそうもないと思った医師は、急きょ夫人を呼び寄せました。

祖父の教会の人たちにとって、この時はとても辛《つら》いものとなりました。葬儀《そうぎ》に到着した伯父《おじ》のジョンがナギ夫人に挨拶《あいさつ》すると、夫人が言いました。「私は愛する子供たちが奪《うば》われて、これほど悲しいことはありません。もっと悲しいのは、夫がサタンの餌食《えじき》になり、サタンが勝利したことです。」

伯父は言いました。「ナギ姉妹、それは違います。サタンは勝利者ではありません。勝利したように見えるかもしれませんが、それは今だけです。救い主を愛しておられたお母様は、いま主とともにおられます。お子さんたちも同じです。姉妹のご主人については、祈りと信仰によってサタンの力から奪《うば》い返せる希望があります。私たちは、イエスの御名によってそうしようではありませんか。」

会衆は絶望的な感情を振《ふ》り捨《す》て、祈りはじめました。伯父のジョンは、のちにこう記《しる》しています。「私たちはみな主の前に跪《ひざまず》き、主がサタンのあらゆる試《こころ》みを打ち砕《くだ》き、このような悲劇すらも大勝利に変えてくださり、悪霊に憑《と》りつかれた者をその力から解放してくださるよう、熱心に祈りました。すると天が開けたように思えました。私たちは聖なる喜びと信仰による勇気に満たされ、悪霊どもがマティスから立ち去り、消え去るよう、イエスの御名によって命じました。今でもはっきり覚えています。私は聖霊に満たされ、信仰による確信が与えられました。そして祈っている人たちに叫びました。『兄弟姉妹、事は成就しました。主は私たちの祈りを聞かれました。信仰によって私たちは、悪霊に憑《つ》かれた者が解放されたことを宣言します！』」

伯父は、保護施設にいるマティスに会いに行きました。伯父が到着すると、医科長《いかちょう》のクリスチャン医師の部屋に案内されました。しばらく黙《だま》っていた医師は、こう言いました。「この事例については理解しかねています。三日前、ナギ夫人に手紙を書きました。試験の結果、ご主人は治癒《ちゆ》が見込《みこ》めず、余り長く生きられないと思われたのですが、昨日の朝、完全に正常な状態になりました。どういうことかわかりませんが、奇跡が起きたようです。」

　クリスチャン医師がベルを鳴らして看守《かんしゅ》を呼ぶと、伯父は応接室《おうせつしつ》に案内されました。数分後、マティスが連《つ》れてこられました。伯父を見たマティスは、駆《か》け寄って懇願《こんがん》しました。「何が起こったのか教えてください。この人たちが言うことは、どうしても信じられないんです！」

　前日マティスは、突然、瞬間的に正気《しょうき》に戻っていました。しかし出来事については何一つ思い出すことができませんでした。伯父がありのままを話すと、マティスは崩《くず》れ折《お》れ、悲しみに圧倒《あっとう》されて泣きじゃくりました。彼は子供たちをとても愛していました。年老いた母には、特に優《やさ》しくしていました。「ああ、主よ。この罪人《つみびと》を憐《あわ》れんでください。私はどうしようもない最低の人間です！」

　この類《たぐい》の話がハッピーエンドで終わるのは難しいと思いますが、信じられないほどの憐《あわ》れみにより、主は最悪の惨事《さんじ》を大勝利に一変させる方法を備《そな》えておられました。マティスは人殺しの道具としてサタンに利用されました。このままでは、彼は想像を絶《ぜっ》する痛みを抱《かか》えながら生きていくことになります。しかし祈りの力によって、イエスは彼の思索《しさく》を縛《しば》っていた鎖《くさり》を砕《くだ》いてくださいました。それはガダラ地方にいた、悪霊憑きの男を解放したときのようでした。奇跡的な解放のわざにより、マティスの霊に変化が起こりました。彼は不従順《ふじゅうじゅん》を悔い改め、イエス・キリストにすべてを明け渡しました。そして神の子どもとして、本当に生まれ変わりました。悪霊による所有から解放されただけでなく、救われて聖霊に満たされたのです。

医師たちはこの劇的な回復が信じられませんでした。そのためマティスを一年余り保護施設に留め置き、慎重《しんちょう》に観察《かんさつ》しつづけました。しかし後になって、彼の健康証明書を発行しました。マティスは自由になり、イエスの忠実《ちゅうじつ》な従者《じゅうしゃ》として、家族とともに余生《よせい》を過ごしました。彼は変えられたのです。

伯父のジョンは、二〇年余りたってから、デトロイトを車で移動中にその出来事を思い出しました。そのとき伯父は、ある教会で説教《せっきょう》の奉仕《ほうし》をすることになっていました。その教会の人たちは、マティスの話を聞きたがりました。ひとりの年老《としお》いた男性が立ち上がって言いました。「主を褒《ほ》め称《たた》えるべき人がいるとするなら、それは私です。」

その老人こそ、マティス本人でした。彼は多くの年月を後悔《こうかい》しながら生きつづけましたが、同時に、彼に信じがたい憐《あわ》れみを示《しめ》してくださった、主への感謝であふれていました。(注12)

マティスは涙を流しながら、詩篇四〇篇二～三節を読みました。

「(主は)私を滅びの穴から、泥沼から、引き上げてくださった。そして私の足を巌の上に置き、私の歩みを確かにされた。主は、私の口に、新しい歌、われらの神への賛美を授け

られた。多くの者は見、そして恐れ、主に信頼しよう。」

主の御手は短くない

私たちが行《おこな》う大規模なゴスペル・キャンペーンでは、各地で数十万人が集います。無数の病人や、必要を抱えた人々が祈りを求めて集まります。ひとり一人に按手《あんしゅ》して祈るのは物理的《ぶつりてき》に不可能ですが、私たちには驚くべき発見があります。神には限界《げんかい》がないということです。私たちが大群衆のために祈ると、ポップコーンがはじけるように、奇跡《きせき》や癒《い》やしが次々に起こりはじめます。そして前列から後列に向かって神の力がすべての参加者に流れていくのです。信仰と祈りの力によって、精神病《せいしんびょう》の人たちが奇跡的に解放され、彼らの手足を縛《しば》っていた鎖を、私たちは文字通《もじどお》り断《た》ち切ってきました。

読者の愛する人々の中に、サタンの力で縛《しば》られている人がいますか。お子さんやお孫さん、ご両親や兄弟姉妹が救われる光景《こうけい》をご覧《らん》になりたいですか。ご友人の中に麻薬《まやく》やアルコール中毒《ちゅうどく》の方はいますか。人の道を踏《ふ》み外《はず》した生き方をしている人はいますか。その方々を助けようとしたにもかかわらず、上手《うま》くいかなかった過去がありますか。もしあるなら、あなたには秘密兵器《ひみつへいき》があります。

友よ、祈るべきときが来ました。主は祈りによるデューナミス（神の力）によって、その人をその場所で捕《と》らえることができます。その人を縛《しば》っている鎖《くさり》を断《た》ち切ることができます。牢獄《ろうごく》の戸を開けることができます。解放と自由と癒やしをもたらすことができます。あなたはその人と数千キロも離れているかもしれません。しかし全能なる聖霊にとって、それは問題ではありません。

イザヤ五九章一節にはこうあります。**「主の御手が短くて救えないのではない。」**

ペテロは町の反対側にある牢獄《ろうごく》に繋《つな》がれていましたが、イエスの御名による祈りによって、両手を縛っていた鎖が文字通りに外れ、すべての障害《しょうがい》が取り去られました。

マティス・ナギは数百キロ離れた施設にいましたが、彼の思索《しさく》を縛っていた鎖が、祈りによって断ち切られ、解放されて正気《しょうき》に戻り、人生が変えられました。

あなたが祈るとき、その祈りには、抑圧《よくあつ》されている人を解放する力があります。あなたは居《い》ながらにして、地の果《は》てまで届く力で変化を起こすことができます。あなたが地上で縛《しば》るなら天でも縛られ、地上で解《と》くなら天でも解かれます。主の御手に開《あ》けられない扉はなく、主の御手を妨《さまた》げる障害物はなく、主の御手が届《とど》かない遠隔地《えんかくち》はないからです！

五章　開いた天のもとで祈る

ああ、あなたが天を裂いて降りて来られると、山々は御前で揺れ動くでしょう。

火が柴に燃えつき、火が水を沸き立たせるように、あなたの御名はあなたの敵に知られ、国々は御前で震えるでしょう。

（イザヤ六四・１〜２）

イザヤ六四章には、聖書中でもっとも優《すぐ》れたとりなしの祈りのひとつが書かれています。預言者イザヤは、主に言いました。**「ああ、あなたが天を裂《さ》いて降《お》りて来られると、山々は御前で揺《ゆ》れ動くでしょう。火が柴《しば》に燃えつき、火が水を沸《わ》き立たせるように、あなたの御名はあなたの敵に知られ、国々は御前《みまえ》で震《ふる》えるでしょう。」**（イザヤ六四・1〜2）

「裂《さ》いて」という言葉は、文字通りには「破《やぶ》る」あるいは「破って開《ひら》ける」という意味です。（注13）イザヤは、主が天を引き裂いてご自身を世界に現《あらわ》し、イザヤが見ているのと同じように人々が主を見ることができますようにと、叫んでいたのです。「ああ」という感嘆《かんたん》の言葉の中に、イザヤの情熱《じょうねつ》を見ることができます。

神を個人的に知り、神を体験することを求める人の心の中には、あるものが深く埋《う》め込《こ》まれています。そのあるものとは、「ああ」という感嘆の念《ねん》です。私たちの内側に湧《わ》き出てくる主を慕《した》い求める思いは、人が神のかたちに創造され、神を知ることのできる能力を授《さず》かっていることの現れです。

聖アウグスティヌスは言いました。「汝《なんじ》、我らを汝のために造りしゆえ、我らの心、汝の内に憩《いこ》いを見出《みいだ》さずして憩うこと能《あた》わず。」

この心の叫びは、人間の人格《じんかく》に織《お》り込まれた必然《ひつぜん》です。それは芸術や音楽、慣習《かんしゅう》および世界中のあらゆる文化の中に表現されており、記録された歴史の初期にまで遡《さかのぼ》ります。

人はもともと、神と絶《た》えず交《まじ》わりを持ち、完全な調和のもとで永遠に神とともに歩む存在として造られていたにもかかわらず、この世に罪が入ったことにより、突如《とつじょ》、神と引き離されてしまいました。自然の世界と超自然の世界を隔《へだ》てる障壁《しょうへき》が出現したのです。アダムが罪を犯《おか》したためにこの世界は堕落《だらく》し、神の豊かな臨在《りんざい》、神の力、神の祝福で満ちた霊的な領域《りょういき》から引き離されました。

イザヤは「(主が)天を裂いて降りて来られる」ようにと祈る中で、以前に体験したことを思い返《かえ》していたのではないかと、私は考えています。その体験とはイザヤ六章一～八に書かれている体験です。イザヤは天に引き上げられ、預言者として油注《あぶらそそ》がれ、派遣《はけん》される任《にん》を受けました。

「**ウジヤ王が死んだ年のことである。わたしは、高く天にある御座に主が座《ざ》しておられるのを見た。衣《ころも》の裾《すそ》は神殿《しんでん》いっぱいに広がっていた。**」(新共同訳イザヤ六・1)

続く箇所の中でイザヤは、主の御前《みまえ》で体験したことを描写《びょうしゃ》しています。御座《みざ》の近くでは、天的《てんてき》な生き物がこう叫んでいました。「**聖なる、聖なる、聖なる、万軍の主。その栄光は全地に満つ。**」(イザヤ六・3)。ここでイザヤが描写しているのは、可視的《かしてき》な栄光のことです。神の聖さに触れたことにより、突然、自分の罪深さに気づかされたと、イザヤは言います。自分は死ぬに違《ちが》いない、イザヤはそう思いました。彼がいた場所は、それほどまでに聖《きよ》かったのです！　しかしイザヤは、主の恵みを見出しました。聖《せい》なる火によって、彼の罪がきよめられたのです。それによってイザヤとその人生の成《な》り行《ゆ》きは、永遠に一変してしまいました。もうイザヤは、それまでのイザヤではなくなっていたのです。

　天使たちが叫びながら語《かた》った言葉に注目してください。彼らは「天は主の栄光で満ちている」、とは言いませんでした。「**その栄光は全地に満つ**」と言ったのです。これは将来に向けて語られた、預言《よげん》の言葉です。聖書にはこうあります。「**まことに、水が海をおおうように、地は、主の栄光を知ることで満たされる。**」（ハバクク二・14）

　イザヤは、主が天を引き裂《さ》いて降《お》りて来るように祈りました。イザヤは、何年も前に幻《まぼろし》の中で与えられていた、預言的な約束が成就《じょうじゅ》するように祈ったのです。彼が実質的に祈った内容はこういうことです。「主よ、もし世界があなたの栄光で満ちるのなら、天を裂いて降りて来てください！」イザヤは、主がご自分の計画をこの世に実行するには、「天を裂く」必要があることを知っていたのです。

天へのはしご

ヨハネの福音書《ふくいんしょ》は、いい意味で他の三福音書と大きく異なっています。ヨハネは、マタイやマルコ、ルカよりも、遥《はる》か後になってから執筆《しっぴつ》したという説があり、ヨハネが他の福音書の内容を読んでいたばかりでなく、自分自身の体験を交《まじ》えて福音書を書いたと言われています。年老《としお》いたヨハネは聖霊による霊感《れいかん》を受け、書き記しておくべきことはまだまだあると確信していました。そこで彼は、彼ならではの表現で書きはじめました。

ヨハネは、抗《こう》しがたい説得力《せっとくりょく》をもって、大胆《だいたん》に書き記す人でした。二〇章三十一節には、執筆の目的がはっきり書かれています。「**しかし、これらのことが書かれたのは、イエスが神の子キリストであることを、あなたがたが信じるため、また、あなたがたが信じて、イエスの御名によっていのちを得るためである。**」

ヨハネの福音書に書かれていることはみな、イエスが神の御子であることを示《しめ》すために、戦略的に編纂《へんさん》されているのです。ヨハネは、そこに書かれていることをとおして、人々が永遠のいのちを得るようになると知っていたのです。

ヨハネが、イエスの処女降誕《しょじょこうたん》やヨルダン川での受洗《じゅせん》、荒野《あらの》の誘惑《ゆうわく》や変貌山《へんぼうざん》での出来事について書かなかったことには驚かされますが、一章では九節を割《さ》いて、ナタナエルという若者について一見《いっけん》重要とは思えない物語を記《しる》しています。しかし詳しく調べるなら、この物語には、深遠《しんえん》で光明《こうみょう》なテーマが秘《ひ》められていることが明らかになります。ヨハネはこの箇所に見事な説得力を持たせることで、二章以降《いこう》の内容に弾《はず》みをつけています。

その翌日、イエスはガリラヤに行こうとされた。そして、ピリポを見つけて「わたしに従って来なさい。」と言われた。

ピリポは、ベツサイダの人で、アンデレやペテロと同じ町の出身であった。

彼はナタナエルを見つけて言った。「私たちは、モーセが律法《りっぽう》の中に書き、預言者たちも書いている方に会いました。ナザレの人で、ヨセフの子イエスです。」ナタナエルは彼に言った。「ナザレから何の良いものが出るだろう。」ピリポは言った。「来て、そして、見なさい。」

イエスはナタナエルが自分のほうに来るのを見て、彼について言われた。「これこそ、ほんとうのイスラエル人だ。彼のうちには偽《いつわ》りがない。」

ナタナエルはイエスに言った。「どうして私をご存じなのですか。」イエスは言われた。「わたしは、ピリポがあなたを呼ぶ前に、あなたがいちじくの木の下にいるのを見たのです。」

ナタナエルは答えた。「先生。あなたは神の子です。あなたはイスラエルの王です。」

イエスは答えて言われた。「あなたがいちじくの木の下にいるのを見た、とわたしが言ったので、あなたは信じるのですか。あなたは、それよりもさらに大きなことを見ることになります。」

そして言われた。「まことに、まことに、あなたがたに告げます。天が開けて、神の御使いたちが人の子の上を上り下りするのを、あなたがたはいまに見ます。」（ヨハネ一・43～51）

この箇所の意味を理解するために、このあと私はいくつかの疑問を提示します。それに答えることによって、素晴らしい啓示が浮き彫りになるからです。

いちじくの木にはどんな意味があるのでしょうか？

この箇所で、いちじくの木が取《と》り沙汰《ざた》されるのはおかしいと思われるかもしれませんが、表面上はわからない理由が、文化的な背景の中に隠《かく》されています。いちじくの木は、ユダヤ教の伝承《でんしょう》の中で、トラー（モーセ五書）を示す隠喩《いんゆ》としてしばしば使われています。文字通りにせよ、比喩的《ひゆてき》にせよ、ナタナエルはいちじくの木の下に座っていた可能性があります。いずれにせよ、そこで彼が聖書を学んでいたことは確かです。ナタナエルが「いちじくの木」の下にいるのを見たとイエスが言ったのは、彼がモーセ五書を読んでいたという意味なのです。これにより、二番目の疑問が生《しょう》じてきます。(注14)

ナタナエルがモーセ五書を学んでいた意味は何でしょうか？

もちろん当時の聖書には、現代の聖書にあるような、章や節による区切りはありませんでした。しかしナタナエルが読んでいたのは、創世記《そうせいき》二八章の辺りだったのではないかと私は考えています。彼は族長《ぞくちょう》ヤコブ（欺《あざむ》く人という意味）に関する箇所を読んでいたはずです。(注15) ヤコブは兄の長子《ちょうし》の権利を盗《ぬす》み、年老いた父を騙《だま》し、命辛々《いのちからがら》逃亡しました。ナタナエルは、ヤコブがベテルに到着し、そこで夜明《よあ》かした箇所辺りを読んでいたはずです。ヤコブは、ベテルで石を枕《まくら》にして横になり、夢を見ました。**「そのうちに、彼は夢を見た。見よ。一つのはしごが地に向けて立てられている。その頂《いただき》は天に届《とど》き、見よ、神の使いたちが、そのはしごを上《のぼ》り下《くだ》りしている。」**（創世記二八・12）

イエスに出会う前のナタナエルは、「ナザレから何の良いものが出るだろう。」と言いい、イエスがメシアであることを強く疑っていました。しかし四六節から四九節の間で、劇的な回心《かいしん》を遂《と》げ、イエスに向かって「先生。あなたは神の子です。あなたはイスラエルの王です。」という確信を持つほどになりました。この驚くべき変化が、ほとんど瞬間的に起きたようです。これにより三番目の疑問が出てきます。

突然の変化はなぜ起きたのでしょうか？

ナタナエルが、イエスの預言的な知恵に、腰《こし》を抜《ぬ》かしたことは間違《まちが》いありません。

第一にイエスは、ピリポがナタナエルを呼ぶ前に、ナタナエルが聖書を学んでいたことを知っていました。

次にイエスは、ナタナエルがどこの箇所を学んでいたかを正確に知っていました。そのことは、「これこそ、ほんとうのイスラエル人だ。」というイエスの言葉の中に暗示《あんじ》されています。イスラエル人とは、ナタナエルが今しがた読んでいた箇所に登場する「ヤコブ」の子孫《しそん》です。そしてヤコブは「欺《あざむ》く人」でしたが、イエスはナタナエルに「彼のうちには偽《いつわ》り（欺《あざむ》き）がない」と言いました。

三つ目にイエスは、同じ言葉によって、ご自分には、ナタナエルの心が見えていたことを証明《しょうめい》しました。誰も知るはずのないことをイエスは知っていたとナタナエルが気づいたとき、それが彼にとって、イエスをメシアとして認識《にんしき》する一番の決め手になりました。

このわざによってナタナエルは感極《かんきわ》まり、イエスに対する信仰告白《しんこうこくはく》をしました。「先生。あなたは神の子です。あなたはイスラエルの王です。」イエスがもっとも驚くべき言葉を語ったのは、この時でした。この言葉は、ヨハネの説明の極《きわ》め付《つ》けの部分です。**「あなたがいちじくの木の下にいるのを見た、とわたしが言ったので、あなたは信じるのですか。あなたは、それよりもさらに大きなことを見ることになります。」**（ヨハネ一・50）

次にイエスは、ナタナエルが読んでいた箇所に話を移します。そしてヤコブが見た天のはしごについて語ります。「まことに、まことに、あなたがたに告げます。**天が開けて、神の御使いたちが人の子の上を上り下りするのを、あなたがたはいまに見ます。**」（ヨハネ一・51）

実質的にイエスが示唆《しさ》したのは、こういうことです。「ナタナエルよ、わたしがあなたの行いを知っていたからあなたは驚いているのか。あなたがヤコブの箇所を読んでいたことをわたしが知っていたから、あなたは驚いているのか。ああ、ナタナエル。わたしはもっと驚くべきことを示そう。あなたは、わたしこそヤコブが見た天のはしごであることを知るようになるのだ！」

イエスはご自分が預言者以上の存在であり、ユダヤ教の教師以上の存在であり、政治的な解放者や王以上の存在であることを示しました。イエスは、ご自分が天と地をつなぐ架《か》け橋《はし》であり、神と人との仲介者《ちゅうかいしゃ》であり、地上に開かれた天の御国《みくに》の入口であると宣言《せんげん》したのです。

これは、ヨハネが福音書の中で教えているイエスの人物像の、ほんの序《じょ》の口に過ぎません。たとえば、次のようなイエスの言葉があります。

わたしは、天から下って来た生《い》けるパンです。（ヨハネ六・51）

わたしは、世の光です。（ヨハネ八・12）

わたしは羊の門です。（ヨハネ十・7）

わたしは、良い牧者です。（ヨハネ十・11）
わたしは、よみがえりです。いのちです。（ヨハネ十一・25）
わたしが道であり、真理であり、いのちなのです。（ヨハネ十四・6）
わたしはまことのぶどうの木。（ヨハネ十五・1）
まことに、まことに、あなたがたに告げます。アブラハムが生まれる前から、わたしはいるのです。（ヨハネ八・58）

ピリポがナタナエルに叫んだのと同じことを、ヨハネが私たちに向かって叫んでいるかのように思えます。

「私たちは、モーセが律法の中に書き、預言者たちも書いている方に会いました。すべての謎を解き明かす方です。すべての疑問に答えてくださる方です。」

私たちはこのような方に会いました。

道であり、真理であり、いのちである方
いのちのパンである方
世の光である方

羊の門である方
良い牧者である方
よみがえりである方
ぶどうの木である方
わたしは「ある」という者である方
過《す》ぎ越《こ》しの小羊である方
ノアの箱舟である方
荒野《あらの》で上げられた真鍮《しんちゅう》の蛇《へび》である方
ホレブの岩である方
逃《のが》れの街である方
天幕《てんまく》そのものであり、その中の垂《た》れ幕《まく》である方
種なしパンであり天からのマナである方
メルキゼデクである方
買い戻《もど》しができる親類である方
大祭司《だいさいし》である方
いのちの木である方

天のはしごである方
第二のアダムである方
花嫁をめとるイザクである方
ヨシュアの軍の将《しょう》である方
地の中に三日三晩《みばん》いたヨナである方
すべての約束に「はい」と答える方
すべての型《かた》の成就《じょうじゅ》である方
すべての陰《かげ》の実体である方
すべての「神の顕現《けんげん》」である方
すべての「神の可視的出現《かしてきしゅつげん》」である方
すべての神学の目的である方
すべての系図《けいず》の理由である方
すべての預言の中心である方
歴史上をBCとADに分ける原因となった方
すべての歴史的事実を支配する方

イザヤの祈りが聞かれる

多くの人は、天を裂《さ》いて来てくださいというイザヤの祈りを、ひとかけらのパンを乞《こ》う乞食《こじき》のように、落胆《らくたん》し、意気消沈《いきしょうちん》しながら今も祈っています。しかし友よ、良い知らせがあります。イザヤの祈りは、二千年前に聞かれたのです。神は本当に天を裂き、イエス・キリストをとおして降りて来られました。カルバリの出来事以上に劇的な「引き裂き」があるでしょうか。地面が割《わ》れ、神殿の幕が上から下まで破れ、尊《とうと》いイエス・キリストの体が引き裂かれました。すべては、天が地に侵入《しんにゅう》するためです。

天使たちは、私たちに仕《つか》えるためにイエスの上を上《のぼ》り下《お》りしています。人類の必要を満たすために、イエスをとおして神のあらゆる資源《しげん》が注《そそ》がれています。イエスによって神の怒り《いか》が静められたので、人間は神と和解できます。

神は天を裂き、降りて来ました。天と地を隔《へだ》てていた古《いにしえ》の障壁《しょうへき》は、打ち砕かれました。今にち神のあらゆる富と資源が、祈りと信仰によって利用可能です。

ヘブル十章一九～二十二節にこうあります。

こういうわけですから、兄弟たち。私たちは、イエスの血によって、大胆《だいたん》にまことの聖所《せいじょ》

にはいることができるのです。

イエスはご自分の肉体という垂《た》れ幕を通して、私たちのためにこの新しい生《い》ける道を設《もう》けてくださったのです。

また、私たちには、神の家をつかさどる、この偉大《いだい》な祭司《さいし》があります。

そのようなわけで、私たちは、心に血の注ぎを受けて邪悪《じゃあく》な良心をきよめられ、からだをきよい水で洗われたのですから、全《まった》き信仰をもって、真心から神に近づこうではありませんか。


主は、私たちが全き信仰によって主の十分な備えに信頼し、祈りをとおして主に近づくことを求めています。神と人とを隔《へだ》てるすべてのものは、すでにイエスの血によって破壊《はかい》されました。ですからいま私たちは、きよめられた良心と全き信仰によって、大胆に神の御前に進み出ることができます。主は私たちに、天の御国の鍵を本当に授《さず》けてくださいました。

私たちは祈りをとおして、その驚くべき力を行使《こうし》できるのです。かつてある人が言いました。「祈りとは、生涯なくなることのないチャンスなのだ。」と。イザヤの祈りは聞かれました。神は天を裂きました。ですから、天を地にもたらそうではありませんか！

六章　天を地にもたらす祈り

御国が来ますように。みこころが天で行なわれるように地でも行なわれますように。

（マタイ六・10）

イエスは、マタイ六章九～十節でこう祈りました。「天にいます私たちの父よ。御名があがめられますように。御国が来ますように。みこころが天で行なわれるように地でも行なわれますように。」

イエスは、父なる神の御国の栄光が地上で現され、天の目的と祝福のすべてが地上に移されるように祈りなさいと教えました。

何年も前ですが、私はとても興味深い幻《まぼろし》を見ました。巨大なダムの幻です。ダムは片側で、勢いのある川を堰《せ》き止《と》めていました。しかしもう一方の側には、乾《かわ》いた地面が露出していたのです。地面は太陽に照らされて干からび、ひび割れていました。川は神の栄光を表しており、干からびた地面はこの世を表していることがわかりました。海に水が満ちているように、地上が主の栄光を知る知識で満ちることが御心であることがわかりました。

そこで私は言いました。「主よ、あなたの栄光は、どのようにしてあの巨大な壁を破るのでしょうか。」すると、ダムに小さいな亀裂《きれつ》が何か所もできました。とても細いひび割れです。しかしその細いひび割れから、水が勢いよくほとばしりはじめました。ひびがどんどん増えてゆき、ダムの壁が少しずつ崩れはじめました。壁のあちこちから水が流れはじめ、突然一瞬にして頑丈《がんじょう》なダムが決壊《けっかい》し、干からびた地面が覆《おお》われたのです。すると主が言われました。「わたしの栄光がこの地の痛んでいる人々を覆《おお》うだろう」と。

突然、最後の晩餐でイエスがパンを裂いている光景が見えました。主が言われました。「**これはあなたがたのために裂かれる、わたしのからだです。**」（第一コリント十一・24、英語聖句直訳）イエスの体が裂《さ》かれるとは、十字架刑のことです。

即座《そくざ》にガラテヤ二章二〇節の使徒パウロの言葉が、私の霊の中にあふれました。

「**私はキリストとともに十字架《じゅうじか》につけられました。もはや私が生きているのではなく、キリストが私のうちに生きておられるのです。いま私が、この世《よ》に生《い》きているのは、私を愛し私のためにご自身《じしん》をお捨《す》てになった神《かみ》の御子《みこ》を信《しん》じる信仰《しんこう》によっているのです。**」

なんと力強い告白でしょう！　キリストとともに十字架につけられること。それは私たちが砕《くだ》かれることにより、キリストのいのちが、干からびて、ひび割れたこの世に流れ出ていくことを意味します。「**もはや私が生きているのではなく、キリストが私のうちに生きておられるのです。**」

ギデオンの土《つち》の壺《つぼ》のように私たちが砕《くだ》かれるなら、内におられるキリストの光が輝き出ます。私たちが砕かれるなら、私たちの内にあるいのちの水の川は、主が約束したとおり流れ出します。しかしキリストとともに十字架につくには、どうすればよいのでしょうか。ローマ兵の一団を探して、私たちを十字架に釘づけにしてくれと頼むべきでしょうか。実のところイエスは、十字架に釘《くぎ》づけにされるずっと以前から、すでにいのちを投げ出していました。ゲッセマネでの祈りを聞いてください。「**しかし、わたしの願いではなく、みこころのとおりにしてください。**」（ルカ二十二・42）

これこそ本当の砕きです。砕きは、私たちが十字架で自分に死ぬときに起こります。そして自分の意志と願いを主に明け渡すとき、私たちの祈りは力強くなるのです。

詩篇五一篇一七節にはこうあります。「**神へのいけにえは、砕かれたたましい。砕かれた、悔いた心。神よ。あなたは、それをさげすまれません。**」

御心に沿う祈り

神の栄光の現れを妨げる最大の要因は、自分自身を高めたいという願望を持つ人が捧げる祈りです。そういう人はこう祈ります。「あなたの願いではなく、私の願うとおりにしてください。」主の目にはすべてが見えています。それは確かです。またすべての祈りを聞いています。そして祈っている人の心の奥まで見通しており、どのような動機で祈っているかをはっきり知っています。主の目に隠れているものなど、何ひとつありません。ありとあらゆる祈りは、微《び》に入《い》り細《さい》に入《い》る主の吟味《ぎんみ》に従って、常に答えられるのです。主は単に、私たちの祈りの言葉を聞くのではなく、その言葉が出て来る真の理由を見ます。ヤコブが述べているのは、まさにこのことです。

「あなたがたは、ほしがっても自分のものにならないと、人殺しをするのです。うらやんでも手に入れることができないと、争ったり、戦ったりするのです。あなたがたのものにならないのは、あなたがたが願わないからです。願っても受けられないのは、自分の快楽のために使おうとして、悪い動機で願うからです。」（ヤコブ四・2～3）

主は、私たちが自分の願うことではなく、主の願うことを祈るとき喜ばれます。祈りとりなしにおける究極の目的は、神の国を地上にもたらすことです。それによって、主が栄光を受けるためです。次のイエスの言葉には、それが表れています。

「またわたしは、あなたがたがわたしの名によって求めることは何でも、それをしましょう。父が子によって栄光をお受けになるためです。あなたがたが、わたしの名によって何かをわたしに求めるなら、わたしはそれをしましょう。」（ヨハネ十四・13～14）

多くの人は自分の欲しいものを得るために、イエスの御名による祈りを、無記名小切手《むきめいこぎって》のように利用しようとしてきました。神は求めること、信じること、また受け取ることに関して、素晴らしい約束を与えてくださいました。それについては、まったく問題になっていません。しかし信仰と祈りについては、より高尚《こうしょう》な目的があるのです。それは主イエス・キリストをとおして天の父に栄光がもたらされるために祈り、そのために信じるということです！　そのような祈りは、自分のために祈る祈りではなく、**主のために**祈る祈りです。それこそが主の願われる祈りです。イエスは、私たちがそのような動機で祈るなら、その祈りに答えると約束しています。**「あなたがたが、わたしの名によって何かをわたしに求めるなら、わたしはそれをしましょう。」**（ヨハネ十四・14）

第一ヨハネ五章一四～一五節には、次のような素晴らしい約束が書かれています。

「何事でも神のみこころにかなう願いをするなら、神はその願いを聞いてくださるということ、これこそ神に対する私たちの確信です。私たちの願う事を神が聞いてくださると知れば、神に願ったその事は、すでにかなえられたと知るのです。」

祈りが聞かれる最大の秘訣《ひけつ》は、御言葉の中で約束されていることに基づいて祈るときに働く、凄《すさ》まじい力を見出すことにあります。信仰と期待感を持ってとりなしをしても、もしそれが御言葉に表されている御心に根差《ねざ》していないなら、その信仰と期待感は、思い込みや幻想とほとんど変わりありません。感謝なことに、その大いなる愛と憐れみと恵みのゆえに、主は必ずしもすべての祈りには答えません。もし神がすべての祈りに答えるとしたら、その祈りの答えは、往々にして惨劇《さんげき》をもたらすことになるでしょう。そればかりか、神の目的や計画が台無しになってしまいます！

主が正直な方であることは間違いありません。決して偽《いつわ》ることができないのです。ご自分が叶《かな》えたくないこと、叶《かな》えることのできないことは、絶対に約束しないのです。もし聖書に書かれている御心を知った上で私たちが祈るなら、主は栄光と力とによって、すぐにでも啓示を与えてくださいます。この原則が崩れることは決してありません。神の御心がどこにあるかがはっきりわかっているなら、祈りの答えはすぐに来ます。私たちは、その揺るぎない確信を持って祈ることができるのです。

悪魔の背骨を折り、神の栄光を現す聖霊の力強い傾注《けいちゅう》のために祈りはじめるとき、天は栄光の重みのゆえに滴《したた》りはじめます。たましいが救われ、イエスの御名が国々で知られるようにと情熱的に祈りはじめるとき、祈りの応答として天が動きはじめます。私たちはそう確信することができます。父なる神に栄光が帰されるために祈るなら**どんなことでもすると**、イエスは約束しています。

「私の意志ではなく、あなたの御心がなりますように。」と祈るとき、私たちは砕かれ、主の栄光がこの地に流れます。聖書は、栄光の知識がこの地を覆う日が来ると宣言しています。地上の隅から隅まで、主を知る栄光で埋《う》め尽《つ》くされるでしょう。この預言的な約束はまだ成就《じょうじゅ》していません。しかし、主の民が祈るときに多くのことが起こされるのを、私たちは幾度となく見てきました。

主にある同盟

チャールズ・フィニー（一七九二～一八七五）は、米国史上最も偉大なリバイバリストであると、多くの人が考えています。ある街でフィニーが説教したとき、主の聖なる臨在が雲のように下り、その地域全帯が強く影響を受けました。街の周囲数キロにわたって主の臨在がはっきりと感じられ、人々は群れを成してイエスを信じました。その光景は、まるで不思議な磁力《じりょく》で引き寄せられるかのようだったそうです。

諸教会は新しい信者であふれました。余りにも多くの人が入信したため、犯罪率が激減し、留置場は空になりました。神の人をとおしてなされた聖霊の超自然のわざにより、街や地域の道徳性が、数十年間にわたって向上しました。興味深いことに、フィニーの集会で入信した人の約八〇パーセントは、救われてから数十年余り経過した今も、躍動的《やくどうてき》に主に仕えています。(注16)これは並々ならぬ数字です。

チャールズ・フィニーのミニストリーによって起きた驚くべきリバイバルは、伝道者の雄弁な説教がもたらした結果というには、余りあるものです。フィニーによってもたらされた雰囲気は、神の聖さを映《うつ》し出していました。その雰囲気に触れた人々の証は、預言者イザヤが神の聖さに触れて絶望したときの証と似通《にかよ》っています。「**ああ。私は、もうだめだ。**」（イザヤ六・5）。人々は自分の罪深さと、罪が神の心に引き起こす強い不快感とに打ちのめされました。多くの人が主への畏怖《いふ》を経験し、真実で心からの悔い改めをもって主に立ち返り、永遠に変えられたのです。

チャールズ・フィニーの驚異的なミニストリーについては、多くのことが書かれてきました。しかしフィニーの同労者であるダニエル・ナッシュという人物については、ほとんど知られていません。彼はフィニーのリバイバル集会の奉仕者としては、珍しくとても無口な性格でした。人生の前半は牧師をしていましたが、教会役員たちから「彼は年を取り過ぎている」と言われて解雇された経緯があり、ナッシュは傷ついていました。彼は当時、四六歳でした。ナッシュの心はボロボロになりましたが、それはさらに大きな働きに向けた主の備えでした。ナッシュのミニストリーは、祈りととりなしでした。傷ついた心のゆえに人前での働きからは身を引きましたが、ナッシュは類稀《たぐいまれ》な強力な祈りの器になったのです。

主はダニエル・ナッシュとチャールズ・フィニーを引き合わせ、チームを組ませました。そして前人未到の仕方で、二人を用いたのです。ナッシュは、フィニーに先駆けて現地入りしました。リバイバル集会が予定されている街に行き、週に一度も部屋から出てこないことがありました。時には、彼の部屋からすすり泣く声やうめき声が聞こえてくることもあったそうです。そんなときナッシュは、フィニーの登壇《とうだん》をとおして聖霊の力が解き放たれ、大いなる収穫がなされることを祈っていたと言われています。

祈りが聞かれたことを霊で感じるまで、ナッシュは集会のために何日間も祈りつづけました。フィニーが到着する三、四週間前から現地入りし、祈りはじめることもありました。自分の霊の中で、とりなしによる準備が完了したことが感じられるまで、彼は祈りをやめようとしませんでした。ナッシュは霊的な雰囲気が整うまで祈り、ひとたび霊的解放感が感じられると、「街の準備が整ったので来てもよい。」と、フィニーに知らせていたと言います。フィニーは後からやって来て福音を語り、救いの栄光が街を圧倒し、人々はイエスを信じて救われるのでした。

アメリカ史上最大の神の働きは、これと同じ時期に起こりました。フィニーの働きをとおして、地域全体が変えられました。フィニーらによる集会は、一世紀余りが過ぎた今でも影響が見られるほど、根の深い影響を人々や地域社会に残したと、歴史家たちは指摘しています。(注17)チャールズ・フィニーの力ある説教で、数十万人が救われました。しかしダニエル・ナッシュのとりなしによる霊的パートナーシップなしには、決してそのようなインパクトをもたらすことはなかったでしょう。フィニーがナッシュの死後、たった四週間後に巡回伝道の奉仕を離れ、牧師職に就いたことは注目に値します。力強いリバイバルを伴って一国家を変貌《へんぼう》させたフィニーの働きは、衰退《すいたい》していきました。

ダニエル・ナッシュは、ニューヨーク州北部の農家の裏手にある人目につかない墓地に、ひっそりと葬《ほうむ》られました。歴史的に忘れ去られてから、数十年が過ぎました。ナッシュの古びた墓石にはこう刻まれています。「ダニエル・ナッシュ～チャールズ・フィニーの祈りの同労者～」彼の名声は知られていませんが、チャールズ・フィニーのリバイバルを生み出し、無数の人々に福音を伝えるため、神は感慨深《かんがいぶか》い方法でダニエル・ナッシュを用いました。いま天にいるダニエル・ナッシュが、チャールズ・フィニーと同じ報いに預かっていることは、疑う余地がありません。それは彼が、とりなしの祈りという役割を全うしたことによるのです。

こんにちもこの地上には、多くのダニエル・ナッシュがいると私は信じています。その人たちは神にしか知られていません（もちろん、家族や友人たちは知っているかもしれませんが）。その人たちは、著書を書いたことなどないかもしれません。テレビ番組などは、持っていないかもしれません。大規模なミニストリーを率《ひき》いて多額の資金を動かしたり、人気を博したり、多くの称賛を得たりしていないかもしれません。しかしその人たちのとりなしによる隠れた功績のゆえに、神の働きは前進しているのです。その人たちは地上では無名かもしれませんが、彼《か》の日《ひ》には、天の勝利者として称《たた》えられるのです。

近道はない

地上には、とりなしの祈りによらなければ決して起こることのない、聖なる働きがあります。しかし、そのための近道はありません。そのような働きの尊さは計り知れません。とりなしの祈りがないなら、永遠の益が生じるとしても、ほんの僅《わず》かでしかないのです。こんにち多くの人は、群衆の心を神に向けようとするあまり、プログラムや才能、音楽や感情に訴え掛けるものを提供しようとします。しかしほとんどの場合、悲しいことに、それらの努力が実を結ぶことはありません。そのような方法の中には、霊的な力がないのです。それゆえ、御言葉の中でイエスが描写《びょうしゃ》したようなわざは起こりません。「**御国が来ますように。みここ**

ろが天で行なわれるように地でも行なわれますように。」（マタイ六・10）。主の民がとりなしと信仰による宣言をしない限り、天の御国が、悪霊の要塞《ようさい》を打ち破って地上に侵入することはありません。天の力が地上に注がれるのに、近道などはないからです。力の注ぎ掛けが起こる方法は、昔も今も変わりません。神の臨在と神の力、また神の栄光が現れるのは、主の民が熱い思いと聖なる確信と揺るぎない忍耐によって祈るときだけです。

A．T．ピアソンは言いました。「ペンテコステの日から此の方、二人か三人による祈りの一致によって始まらなかったグレート・アウェイクニング（霊的覚醒《れいてきかくせい》）は、どこの国にも一つも起きていない。そのような外向きかつ上向きのムーブメントは、そのような祈り会が無くなってからというもの、続いた試しがない。」

ウェルシュ・リバイバル（一九〇四年）の初期に、ウィルトシャー州出身の伝道者がファーンデールの集会にやって来ました。彼は立ち上がって言いました。「友よ、私はウェルシュ・リバイバルの秘密を手に入れられる希望を胸に、ウエールズまで旅をしてきたのです。」すると エバン・ロバーツが即座に立ち上がり、両手を掲げて言いました。「兄弟よ、秘密などはありません！　求めなさい。そうすれば与えられます！（注18）」と。

祈りの代用品はありません。祈りを通らずに済む近道などないのです。ジョン・バニヤンは言いました。「祈った後なら祈り以外のことをしてもよいが、祈り終えるまでは祈り以外のことをしてはならない。」

前代未聞の大収穫

二〇〇〇年から二〇〇九年までの十年間で、私たちのミニストリーである、ラインハルト・ボンケのクライスト・フォー・オール・ネイションズによるアフリカの大伝道キャンペーンをとおして、五三〇〇万人の人がイエスを救い主として受け入れました。(注19)

この驚くべき収穫は、巧妙《こうみょう》な販売活動や一風変わった宣伝によるものではありません。むしろ聖書的にバランスの取れた、聖霊の注ぎ掛けの結果です。自分たちの功績だと考える愚か者は、私たちの中にはひとりもいません。しかし世界中の何千人もの人々が、涙を流して私たちのために祈ってくださっていることは知っています。それはダニエル・ナッシュが、チャールズ・フィニーをとおして収穫がなされるように祈ったのと同じことであり、ペテロの解放のために教会が祈ったのと同じことです。

ペテロの手首から鎖《くさり》を落としたのと同じ見えざる御手が、私たちが大宣教命令に従って福音宣教をする中で、諸国の人々の鎖《くさり》を砕《くだ》いているのです。主の民による忍耐強い継続的な祈りがなかったなら、この働きはまったく不可能です。祈りによって私たちとともに闘い、祈りによって私たちを覆《おお》ってくださるひとり一人の祈りの戦士の役割は、壇上《だんじょう》で語っている説教者と同じくらい重要であると、私は信じています。祈りによって私たちを覆ってくださる人々は、霊的な報酬を共有することになると私は信じています。主は役割が違うからといって、報酬を変えるお方ではないからです。主はひとり一人の忠実さと従順に報いてくださるのです。

読者は、数百万人もの人の前で説教することはないかもしれません。あるいは王様や統治者たちに奉仕したり、世界規模の伝道団体を設立したりすることもないかもしれません。しかし祈りによって、**あなたも**世界の人々を変えることができるのです。なんと素晴らしいことでしょうか！

もし自分の教会や都市や国が揺り動かされ、収穫が起きるのを見たいなら、私たちは祈らなければなりません。この時代に聖霊の注ぎ掛けが起きることを願うなら、私たちは祈らなければなりません。この時代の人々を縛ってきたサタン鎖が断ち切られるのを見たいなら、私たちは跪《ひざまず》いて祈らなければなりません。ペテロがいた牢獄の戸が開いたように、捕らわれ人が自由になるのを見たいなら、私たちは祈らなければなりません。ダムが決壊《けっかい》して主の栄光がこの地を覆うのを見たいなら、**私たちは祈らなければならないのです！**

七章　奇跡を解き放つ祈り

そして、私のことばと私の宣教とは、説得力のある知恵のことばによって行なわれたものではなく、御霊と御力の現われでした。（第一コリント二・4）

神は、イエスの血によってすでに天を引き裂き、祈りをとおして神のあらゆる資源を利用可能にしてくださいました。つまり私たちは、すでに開かれた天の下に生きているのです。神の栄光が私たち神の子どもの相続財産であることは、真実なのです。

「栄光」という言葉は、聖書の至るところに見られます。栄光には、いくつかの使われ方があります。たとえば「栄光」という言葉が、尊敬の念や豊かさや力を表すために使われることがあります。それは、王や高い身分の人に対して使われる場合です。二番目の使われ方は、神の可視的臨在《かしてきりんざい》を表す場合です。「栄光」の詳しい定義を調べると、栄光に包まれた神の臨在が超自然の領域からこの世界に現され、人々がそれと出会う場合に使われています。(注20)その場合人々は、五感(視覚、聴覚、味覚、触覚、臭覚)のうちのひとつ以上をとおして、栄光を体験しています。そうです。私たちは、五感をとおして栄光を体験できるのです!

普通の人が五感をとおして神の栄光を体験する記事は、旧新約聖書のいろいろな箇所に見られます。昼は雲の柱、夜は火の柱という方法で、おおよそ二百万人の主の民が、神の栄光を自分の目で見ました。それは、神秘主義的で感情的な体験談ではありません。彼らは明るいところで、そのような雲を実際に目撃したのです。民は夜のとばり中で、輝く火をその目で見ました。荒野で生まれた子供たちにとって、この可視的な栄光の現れは、ごく日常的な出来事だったのです。

出エジプト記三章一～六節で、燃える柴《しば》の前に立ったモーセも、同じ聖なる火を目撃しました。そのとき主は、次のように語りました。「**あなたの足のくつを脱げ。あなたの立っている場所は、聖なる地である。**」（出エジプト記三・5）。神の火を見たモーセは、イザヤと同じように神の聖さを体験しました。「**モーセは神を仰ぎ見ることを恐れて、顔を隠した。**」**とあるとおりです。**（出エジプト記三・6）

主の栄光の現れのもうひとつの事例は、ペンテコステの日に起こりました。そこに集まっていた人々の上に聖霊が注がれ、主の栄光が音として聞こえたり、目に見えたりする現象として、奇跡的に現されたのです。使徒の働き二章二～三節にはこうあります。

「**すると突然天から激しい風が吹いてきたようなひびき**（彼らには聞こえました）**がして、彼らがすわっていた家全体を満たした。そして炎のような分かれ分かれの舌が彼らに現われ**（彼らに見えました）、**ひとりひとりの上にとどまった。**」

イエスが行《おこな》った奇跡は、主の栄光の現れでした。主の奇跡は天の侵入です。人々は、五感をとおしてその奇跡を知覚できたため、大きな衝撃を受けました。

ヨハネの福音書二章には、イエスがカナの婚礼で行なった奇跡の記述があります。婚礼の場では、宴会を主催した新郎の家族にとって、とても恥ずかしい事態が起きていました。なんとぶどう酒を切らしてしまったのです。イエスの母マリアは息子のもとに行き、何とかしてほしいと頼みました。イエスはしもべたちに、八〇リットルから一二〇リットル入る大型の水がめを六つ用意し、水を満たすように命じました。しもべたちは縁《ふち》までいっぱいにしました。宴会の世話役が水を味見してみると、驚いたことに極上のぶどう酒になっているではありませんか。それはイエスが行った最初の奇跡でした。ヨハネはその出来事をこう記しています。「**イエスはこのことを最初のしるしとしてガリラヤのカナで行ない、ご自分の栄光を現わされた。それで、弟子たちはイエスを信じた。**」（ヨハネ二・11）

天の介入によって神の力が地上に流れ、六つの水がめは申し分のない極上のぶどう酒になっていたのです。

使徒の働き四章には、教会によるとりなしの記事が見られます。クリスチャンたちは大胆な福音宣教を求めて祈り、しるしと不思議を伴う聖霊の力強い現れを体験しました。聖書にはこうあります。「**祈りが終わると、一同の集まっていた場所が揺れ動き、皆、聖霊に満たされて、大胆に神の言葉を語りだした。**」（新共同訳使徒四・31）

ペンテコステの日に、すでに聖霊に満たされていた人たちが妥協のない大胆な伝道のために祈ると、その場所は神の栄光で満ちました。そのとき現れた力は、建物が物理的に揺れ動くほどだったのです！

使徒の働き五章一四～一六節には、神の栄光の現れがペテロの上にとどまっていたことが記されています。

「そればかりか、主を信じる者は男も女もますますふえていった。ついに、人々は病人を大通りへ運び出し、寝台や寝床の上に寝かせ、ペテロが通りかかるときには、せめてその影でも、だれかにかかるようにするほどになった。また、エルサレムの付近の町から、大ぜいの人が、病人や、汚れた霊に苦しめられている人などを連れて集まって来たが、その全部がいやされた。」

雪の塊《かたまり》が溶接工のガスバーナーの青白い炎に立ち遂《おお》せないように、ペテロが歩くだけで、如何なる病もどんな悪霊の力も消え去っていきました。それほどの栄光が現れるとは、信じがたいことです。

福音を体験する

福音を体験するという意味で、神は栄光の現れをとおして人間の生活領域に介入し、人に神を体験させることができます。また実際、そうしています。人は誰でも、具体的な方法で神に触れてもらうことを望んでいます。失われ、滅びゆく世の人々は、福音を自分の目で見、癒やしを受けることによって福音の力を体験したいと願っています。ただ福音を聞くのではなく、それ以上のことを求めているのです。福音を聞く人は、それが真実であることを裏付ける体験を持つべきです。言葉による説明ではなく、言葉を超えて理解できる体験です。福音は、人生を変える出会いとなるべきです。

現代の奇跡

神の栄光の現れは、聖書時代に限られた出来事ではありません。まさに今この瞬間も、主の民の祈りと、御言葉への信仰と、福音の宣教によって、世界中で主の栄光が現されています。

ナイジェリアのカファンチャン市で、私はエイズ患者に関する知識の言葉を受け取りました。すると突然、エイズの最終段階にある若い男性が、主の力で地面に倒されました。その夜、彼は夢を見ました。イエスが彼のところに来て、彼は癒やされていると語ったそうです。翌朝彼は病院に行き、再検査を受けました。その晩彼は、検査結果を持って集会にやって来ました。報告書を手にした私は、二十二万人の会衆の前でそれを読み上げました。「ＨＩＶ反応・陰性！」男性は、天の輸血を受けたのです。主をほめたたえます！

ンスカ市では、最後の集会に四十二万五千人余りが集いました。レジーナ・アタ姉妹は、三人のお子さんを連れて参加していました。ウメカ（十二歳）、チンウェンドゥ（十歳）、二人の弟のチャクウィディ（七歳）です。三人とも全盲でした。ウメカは全盲になって八年経ち、チャクウィディは一年経っていました。癒やしの祈りの間に、三人とも同時に、完全な視力を取り戻しました。

ナイジェリアのイソコランドでは、二〇年間耳が聞こえず口も利けなかった少女が、祈りの後、突然はっきり聞こえて、話せるようになりました。少女の兄も二十五万人余りの群衆のどこかにいましたが、妹が話しているところを二〇年間で初めて目にしました。その兄が群衆をかき分けて壇上《だんじょう》の妹のところに駆け寄ってくる光景は、実に感動的でした。二人は抱き合い、涙を流して喜んでいました。

ナイジェリアのムビでは、夜の集会に六万三千人が集っていました。その中に、二〇年間両足が不自由な女性がいました。癒やしの祈りの間に女性は地面に倒れましたが、そのとき光に包まれた白い衣の男性が彼女のところに来て、「あなたは何を求めているのか？」と言ったそうです。女性は、「私は治りたいのです。」と言いました。すると彼女は目が覚め、両足が自由に使えるようになっていることに気づきました。走ることすらできたのです！

バリでは、乳癌《にゅうがん》で死にかけていた女性が証しました。女性の胸には開いた傷が何か所かあり、右半身は麻痺《まひ》していました。癒やしを受けたとき、女性は集会にいませんでした。自宅のベッドで寝ていたのですが、巨大な音響設備から流れる説教の声が、地域全体に響き渡っていました。女性は、「たとえあなたがベッドで寝ていても、いま立ち上がってください！」という叫ぶ私の声を聞いたそうです。彼女が信仰によって応答したところ、突然、二本の腕が彼女を持ち上げ、立たせたそうです。そのとき女性は、麻痺が治っていることに気づきました。胸の傷は乾《かわ》いていました。癌《がん》はなくなっていました。女性は完全に癒やされたのです。

それ以前、女性は立つことができませんでしたが、歩けるようになったので集会が行われている巨大な野外会場までやって来て、壇上で証したのでした。

オツクポでは、ある男性が完全に癒やされましたが、彼は八〇年間両目とも全盲でした。

ブラジルのリオデジャネイロでは、背中を十二ヵ所手術した女性が車椅子の生活をしていました。祈ってもらうと、女性は完全に癒やされ、車椅子から飛び上がりました。

サペルの集会では、銃で撃たれた傷跡が何年たっても治らない人に関して、知識の言葉を受け取りました。その言葉に応答して、ひとりの女性が演壇に上がり、状況を説明しました。女性は四年前に片方の足を撃たれ、それ以来、足が上手く動かなくなっていました。その晩、癒やしの祈りを受けた女性は、壇上で私と一緒に踊りました。完全に癒やされたのです！

ウゲップでは、ある女性が息子さんを連れて、癒やしの祈りを受けに来ました。息子さんは十五年前に酷く精神を病んでしまい、完全に気がおかしくなっており、暴力的で制御不能《せいぎょふのう》でした。しかし祈りの後、驚くべき変化が起こりました。息子さんが温和に話すようになり、正気に返っていたのです。息子さんは私に言いました。イエスが癒やしくださったと。ハレルヤ！

ナイジェリアのタラバ州では、州知事が不妊症の妹さんを連れて、私に会いに来ました。私は、主が妹さんの胎《たい》を開いてくださり、身籠《みごも》ることができるよう祈りました。一年後に私がタラバ州の別の街を訪れると、州知事が妹さんを連れて会いに来ました。今回、妹さんは臨月《りんげつ》で、間もなく出産の予定でした。妹さんは、奇跡のわざを主に感謝しました。

（これらの奇跡の写真は、〇〇ページに掲載されています。）

信じがたいような救いや癒やし、霊的解放の証はいくらでも続けられます。**すべての伝道キャンペーン**で、**毎晩**奇跡が起きているからです。これは福音の力であり、信仰による祈りの力です。実際、何人かの牧師たちが言いました。ゴスペル・キャンペーンの一週間で起きた奇跡は、話を聞くのに一年かかるほど沢山あると。

死者の蘇り《よみがえ》

ナイジェリアのオニチャでは、信じがたい奇跡を体験しました。二〇〇一年十一月三〇日、ダニエル・エケチュクウと友人は、酷《ひど》い自動車事故に巻き込まれました。二人は、石の柱に正面衝突したのです。ダニエルの胸はハンドルに激しくぶつかり、頭はフロントガラスを突き破りました。彼は病院に搬送され、集中治療が施されました。しかし間もなく、ダニエルは亡くなりました。セント・ユニセ・クリニックで当直していたジョセ・アネブンワ医師は、その日ダニエルの死亡宣告をしました。ダニエルの遺体は安置室に移され、防腐処置されました。その夜、妻のンネカさんは祈りはじめ、主の御名を呼び求めました。

ンネカさんは主に嘆願し、主の約束にすがりました。どういうわけか、ンネカさんには、夫の死を受け入れるべきではないという確信がありました。ンネカさんはヘブル十一章三五節を思い出しました。「**女たちは、死んだ者をよみがえらせていただきました。またほかの人たちは、さらにすぐれたよみがえりを得るために、釈放されることを願わないで拷問を受**

けました。」

　三日後ンネカさんは、夫の遺体を伝道者ラインハルト・ボンケが説教している会場に運んでほしいと、義父に頼みました。三人が教会に到着すると、牧師は棺《ひつぎ》をどう取り扱うべきか困惑しました。当局は、棺の中身が爆弾ではなく本当に死人かどうかを確認するため、棺を開けるよう求めました。棺を調べた後、牧師はそれを地下室に置くことを許可しました。

　上階では伝道者ラインハルト・ボンケが説教していました。地下ではダニエルの妻と父親が祈っていました。二人は、少しずつ変化が起きたと言いました。二人の証言によると、まずダニエルは浅い呼吸をしはじめました。しかし遺体は、依然として死後硬直したままでした。他の牧師たちが遺体の周囲に集まり、祈りつつ主を褒《ほ》め称《たた》えながらマッサージをしはじめました。

　すると突然、ダニエルの両目が動き出しました。彼は起き上がり、水が飲みたいと言ったのです！　その後数週間、ダニエルからは防腐処理で使ったホルムアルデヒドの匂いがしていたと、彼らは言っています。しかしダニエルは生き返り、驚くべき証を世界中で語り、主の栄光を現しています。この並々ならぬ奇跡の全容は、「Raised from the Dead／死から蘇《よみがえ》って」という映画に収録されています。(注21)

並々ならぬ召命《しょうめい》

聖書は、神が栄光を現してこられたことを示す記述で満ちています。一部の人は、それは単に歴史上の理由で伝えられた作り話で、人を楽しませ、比喩的《ひゆてき》な教訓を与えるものに過ぎないと考えます。しかしそれは間違いです。またある人たちは、聖書の記事は神の力の限度を示す実例だと考えています。これも間違いです。聖書の記事は、神の現実の一部に過ぎません。神にとって、超自然のわざは自然であり、不可能なことは可能なことなのです。聖書の全巻が書かれた目的は、神にとっては超自然が標準であることを示すためです。

ある人が、「あなたの霊的賜物は何ですか?」と、私に尋ねてきました。その人たちは、私が自分は使徒だとか、預言者だとか、牧師や教師、あるいは伝道者だと答えることを期待していたようです。しかし私は、「私はアッシャーです。」と答えました。私たちに与えられたもっとも素晴らしい召命《しょうめい》は、人々が主の臨在と出会えるよう、案内(アッシャー)することです。私たちは、祈りをとおして天を地にもたらし、人々を主の栄光の中に案内する特権に預かっているのです。これほど並々ならぬ証明はないのです!

八章　期待を持って祈る

ただし、少しも疑わずに、信じて願いなさい。疑う人は、風に吹かれて揺れ動く、海の大波のようです。（ヤコブ一・6）

天使は突然姿を消し、朝の涼しい風がペテロの傷んだ腕を癒やしました。突然ペテロは我に返り、たった今体験したすべてのことが現実であったことに気づきました。鎖は、本当に手首から擦《す》り落ちました。ペテロが守衛所を通り抜けたのも、事実でした。巨大な鉄の門が開いたのも実際のことで、ペテロは本当に自由になりました。ペテロは兄弟姉妹が自分のために祈っていたことを知り、人気のない街を急ぎました。そしてマリアの家、つまり、マルコと呼ばれるヨハネの母の家に着きました。今ここでは、祈り会が行われています。ペテロは早く友人たちに会いたくてたまりませんでした。皆はペテロの解放のために、懸命にとりなしていました。

このあと物語は、些《いささ》かコミカルになります。これまでは、ペテロの目前にあったすべての扉がひとりでに開きましたが、いま目の前にある扉は開く気配《けはい》がありませんでした。

使徒の働き十二章十三節には、ペテロが門を叩くと、ロダという若い女性がそれを聞きつけたと記しています。ロダは扉まで来て、「どなたですか」と尋ねました。ペテロは「私だよ、ロダ。たった今、牢屋から解放されたのだ。戸を開けて中に入れておくれ。」

ペテロの声を聞いたロダは、興奮の余り戸を開けるのも忘れて、家の中にいる人々に知らせに行ってしまいました。家の中では、祈り会が最高潮に達していました。ある人たちはひれ伏しています。涙を流している者たちもいます。またある者たちは、ペテロの解放を求めて、天で闘っていました。

ロダは祈り会に割って入りました。「ねえ、みんな！　ペテロが戸の外にいるわ！」皆はそれを聞いて笑いました。「ロダ、気でも狂ったんじゃないか。ペテロは牢獄の中にいるんだよ。知っているだろ。兵士たちの間で鎖に繋がれてるんだ。二重の守衛所の奥にいて、外界とは大きな鉄の門で仕切られてるんだぞ。ペテロがここに来られるわけがない。さあ、こっちに来て一緒に祈ろう！」

この言い合いがどれくらい続いたのかは定《さだ》かではありませんが、こうして意見を戦わせている間、ペテロは戸を叩きつづけていたと聖書は記しています。なんと皮肉な話でしょうか。すべての扉が開いたのに、クリスチャンたちが祈っていた家の戸だけは開きませんでした。

この記事は重大な事実を教えています。主は私たちに、御国の鍵を与えてくださっているということです。私たちは門番です。私たちが天でつなぐなら地上でもつながれ、私たちが天で解くなら地上でも解かれます。私たちには、あらゆる扉を開く力と権威があります。地上には、私たちに対抗できる力はありません。地獄の門でさえも、打ち勝てません。

しかし、私たちの前に常に立ちはだかる扉がひとつあります。奇跡を妨げる扉です。それは、不信仰という扉です。

私たちの祈りに対する答えは、往々にして手の届くところに置かれているものです。ところが、主がその祈りを聞いてくださったことを私たちが信じないために、その答えを受け取れないのです。初代教会のクリスチャンたちは、ペテロのために祈っていました。しかし、主がその祈りに答えることを、彼らが信じていなかったのは明白です。祈らないことの次に悪いのは、期待せずに祈ることです。

残念なことに多くの人は、祈りとは単に神に向かって必要を訴える、宗教的行為として捉えています。祈りは一種の宗教的義務だと見なしているのです。そういう人は、祈るだけで気分がよくなります。逆に、祈らないと罪責感《ざいせきかん》を覚えます。そういう人たちは、神が記録を取っていて、どれくらいの時間祈ったかを計っていると思っています。ちょうど仕事をしている人が、働いた時間に応じて賃金を貰うみたいにです。

しかしイエスは、そのような考え方を否定しました。**「また、祈るとき、異邦人のように同じことばを、ただくり返してはいけません。彼らはことば数が多ければ聞かれると思っているのです。だから、彼らのまねをしてはいけません。あなたがたの父なる神は、あなたがたがお願いする先に、あなたがたに必要なものを知っておられるからです。」**（マタイ六・7～8）

そういうわけで、多くの言葉で長時間祈れば、祈りが答えられるわけではありません。ではどうすれば答えられるのでしょうか。答えは至って単純です。信仰です！

真の敵は不信仰

マタイ十七章に、悪霊に憑《つ》かれた息子を持つ父親が、弟子たちのもとに来て助けを求めるものの、悪霊を追い出せなかった記事が出ています。弟子たちは、なぜ悪霊が出て行かなかったかをイエスに尋ねました。するとイエスは答えました。「**あなたがたの信仰が薄いからです。**」と。これはとても明確で、的《まと》を得《え》た説明です。イエスは続けて言いました。「**まことに、あなたがたに告げます。もし、からし種ほどの信仰があったら、この山に、『ここからあそこに移れ。』と言えば移るのです。どんなことでも、あなたがたにできないことはありません。**」(マタイ一七・20)。この言葉が余りにも簡潔明瞭《かんけつめいりょう》であるため、その次の言葉に関して、混乱する人が多いようです。「**ただし、この種のものは、祈りと断食によらなければ出て行きません。**」(マタイ一七・21)

イエスが言っていることは、あたかも自己矛盾を含んでいるかのように思えます。悪霊が出て行かなかった理由を聞かれたときは、不信仰のせいだと言いました。しかし今は、断食祈祷をしなかったからだと言っています。どちらが正しいのでしょうか。この混乱は、この物語の倫理的《りんりてき》な背景を理解することによって解決します。

表面的には悪霊が話の中心のように見えますが、注意深く考察《こうさつ》すると、真の敵は悪霊ではなく、不信仰であることがわかります。弟子たちは悪霊を意識していましたが、イエスが意識していたのは不信仰でした。弟子たちの疑問は悪霊を追い出すことでしたが、イエスの答えは疑いを追い出すことでした。不信仰さえ追い出せば、悪霊追い出しは赤子《あかご》の手をひねるようなものだからです。

霊的勝利を得るために、たくさん祈ったり何日も断食したりしなければならない場合もありますが、それは神に何かをさせようと、強要《きょうよう》することではありません。多くの言葉を語ることで、神の腕を捻《ひね》るわけでもありません。また長々と祈ることによって、霊的な銀行取引の信用を取り付けるわけでもありません。

私たちの頑《かたく》なな肉に打ち勝ち、主の力が流れるのを妨げている不信仰を追い出すために、多くの断食祈祷が必要で、役に立つ場合があるのです。「祈りと断食によらなければ」出て行かないのは、この種の不信仰のほうなのです。兎《と》に角《かく》、力強い祈りの秘訣《ひけつ》は信仰です。イエスがこの箇所で教えている重点はそこにあります。

不信仰を追い出す

マタイ九章二五節でヤイロの娘が死んだとき、イエスは、娘を生き返らせる前に、全員を部屋の外に出さなければなりませんでした。嘲《あざけ》る疑い深い人たちがその目で奇跡を見ることを、イエスが許さなかったのはなぜでしょうか。それは、不信仰を追い出す必要があったからです。

ペテロも使徒の働き九章四〇節で、同じことをしました。「**ペテロはみなの者を外に出し、ひざまずいて祈った。そしてその遺体のほうを向いて、『タビタ。起きなさい。』と言った。すると彼女は目をあけ、ペテロを見て起き上がった。**」イエスは弟子たちに教訓を与えたのです。不信仰の霊を追い出しなさい。そうすればあなたがたに歯向《はむ》かうものは何もありません。悪霊であろうと、死であろうと、そびえたつ山であろうと、あなたがたの命令に従うと。

受けることを期待する

使徒の働き三章には、ちょうど良い時にちょうど良い場所に居合わせた足萎《あしな》えの記事があります。

ペテロとヨハネは午後三時の祈りの時間に宮に上って行った。
すると、生まれつき足のきかない男が運ばれて来た。この男は、宮にはいる人たちから施

しを求めるために、毎日「美しの門」という名の宮の門に置いてもらっていた。彼は、ペテロとヨハネが宮にはいろうとするのを見て、施しを求めた。ペテロは、ヨハネとともに、その男を見つめて、「私たちを見なさい。」と言った。男は何かもらえると思って、ふたりに目を注いだ。するとペテロは、「金銀は私にはない。しかし、私にあるものを上げよう。ナザレのイエス・キリストの名によって、歩きなさい。」と言って、彼の右手を取って立たせた。するとたちまち、彼の足とくるぶしが強くなり、おどり上がってまっすぐに立ち、歩きだした。そして歩いたり、はねたりしながら、神を賛美しつつ、ふたりといっしょに宮にはいって行った。

（使徒の働き三・1〜8）

この箇所を読んだとき、次の二点が私の思いに飛び込んできました。第一に、足萎えの男がペテロとヨハネが宮に入ろうとしているところを見て、施しを求めたと三節に書かれています。しかし四節でペテロは、「私たちを見なさい。」と命じています。そして五節になってようやく、「**男は何かもらえると思って（期待して）、ふたりに目を注いだ。**」とあります。

足萎えの男はペテロとヨハネを見てはいたのですが、注意は払っていませんでした。男は施しを求めていましたが、それを受け取ることを期待していなかったのです。読者もそのような経験がありませんか。何かを求めて祈ってはいたものの、その祈りが聞かれることを期待してはいなかったという経験です。

マリアの家では、まさにそのような祈り会が行われていました。ペテロの解放を祈り求めていましたが、実際にそれが起こるとは信じていませんでした。ペテロが戸の前に立っていたときでさえ、信じていなかったのです！　主は彼らの祈りを聞かれ、祈りのとおりにすることを望まれ、それをする能力がありましたが、彼らの不信仰が答えを妨げたのです。

信仰がないなら、あなたの祈りは罪になるかもしれません。ローマ十四章二十三節に、「**信仰から出ていないことは、みな罪です。**」とあります。ペテロとヨハネは、足萎えの男の体の中に癒やしの力を解き放つ前に、男の信仰と期待を呼び覚まさなければなりませんでした。主が御言葉をとおして、「わたしを見なさい！　わたしが語ることをよく聞きなさい！　求めているものを受けられると期待するのです。」と語っているのは、あなたの信仰を呼び覚ますために他なりません。

ヤコブ一章六～八節にこうあります。「**ただし、少しも疑わずに、信じて願いなさい。疑う人は、風に吹かれて揺れ動く、海の大波のようです。そういう人は、主から何かをいただけると思ってはなりません。そういうのは、二心のある人で、その歩む道のすべてに安定を欠いた人です。**」

期待感

アフリカで私たちが行う伝道集会にやって来る人々は、霊的に飢え渇いていて、神の力による奇跡を期待しています。彼らは、他の人の証を聞いて、自分にも同じことが起こると信じています。彼らは、神が大規模な集会において力と栄光を現してくださることを確信していて、自分も同じ祝福を受けることになると、期待を最大限に膨《ふく》らませてやって来るのです。

実際、その姿勢が奇跡と主の栄光の現れを引き起こしています。人々は、神が自己顕現《じこけんげん》することを希望しているから集会に来るのではありません。神が自己顕現してくださることをすでに確信しているから、やって来るのです。彼らはそのことをすでに見込んでいるので、大胆な確信と期待に立って祈ります。主は、霊的に飢え渇いた人々のそのような祈りを聞き、そのような行動を見て、並外れた仕方で凄まじい力を現します。

信仰と期待を持って祈るなら、神の臨在と力を常に誘因《ゆういん》することになります。それは信仰と期待を持たずに祈るとき、神の臨在と力を散らすことになるのと同じ原理です。信仰や期待のレベルと主の栄光の現れの強さとの間には、直接的な相関関係があります。主は祈りに答え、栄光を現してくださると確信して祈る場合、その期待は行動の中に現れるものです。

傘を持っていく

昔のことですが、アメリカ中西部のある地域が干ばつに見舞われました。その地域に小さな町があり、全く農業に依存していました。しかし雨不足のために畑の作物は、枯れつつありました。一日断食祈祷の宣言が出され、当日、町中の人々が周囲の農場から集まり、雨を求めて主に祈りました。

その朝、五歳の少女が両親と教会に行って祈りました。少女が傘を持って来ていたので、周囲の人は笑いました。皆が少女に理由を尋ねると、雨を求めて祈るから、帰宅のときに濡れないように持ってきたと少女は答えました。

聞いた人々は、突然悔い改めを迫られました。彼らは雨を求めて祈りに来たのに、天候の変化を期待していなかったからです！　人々は涙を流して不信仰を悔い改めました。そして自分たちの祈りが状況を変えることを、本当に信じたかのように祈りはじめました。

その日の午後四時頃、西の空に雲が出て来ました。夕方には、地域一帯が土砂降《どしゃぶ》りになりました。まるで彼らのために、天が文字通りに開いたかのようでした。この遅い雨は、三日三晩降りつづきました。作物は救われ、最終的には未曾有《みぞう》の大収穫を見たのでした。地域の人たちは、傘を持った少女が祈りに来たことで、心が変えられたことを忘れませんでした。

彼らの祈りは、不信仰に縛られた宗教的義務としての祈りではなく、神が実際に聞き入れて、そのとおりにするのを期待する祈りへと変えられました。

祈るときはいつも主の最善を信じ、期待しなければならないのです！

九章　説教と祈り　～伝道者ととりなし手の協力～

たましいを離れたからだが、死んだものであるのと同様に、行ないのない信仰は、死んでいるのです。（ヤコブ二・26）

マリアの家の中では祈り会が止み、議論になりました。ペテロが解放されたのだと言う者もいれば、幽霊《ゆうれい》が立っているのだと言う者もいました。しかしその間も、ペテロは戸を叩きつづけていたのです。

そこでは断食祈祷がなされていましたが、その忠実なとりなし手たちが奇跡を受け取るには、まだやるべきことがありました。立ち上がって玄関に行き、戸を開けることです。これはとても重要な行いです。祈りに力があることは事実ですが、祈りだけでは事足りません。行いが必要です。それは銃《じゅう》に弾丸《だんがん》を込めるようなものです。ヤコブはこう説明しました。「**行ないのない信仰は、死んでいるのです。**」（ヤコブ二・26）。イエスは、収穫のために働き手が与えられるよう祈りなさい、と弟子たちに言いました。そして、まったく同じ面々に向かって、「**全世界に出て行き、すべての造られた者に、福音を宣べ伝えなさい。**」とも言いました。（マルコ十六・15）

詰まるところ弟子たちは、自分自身が自分の祈りの答えになったのです。

伝道者ラインハルト・ボンケは、いつもこう尋ねます。「たとえすべてのクリスチャンが、二四時間祈祷を三六五日毎日つづけて世界の救いのために祈ったとしても、それだけで何かが起こるでしょうか？」と。答えは、「何も起こりません。」です。誰かが祈り会から抜け出して、大通りや裏通りに行って、福音を語る必要があるのです。

主の御前に行き、胸に耳を当てて鼓動《こどう》を聞いいたとしましょう。そのときどんな音が聞こえてくると思いますか。それはこういう音です。「ス・ク・イ、ス・ク・イ、ス・ク・イ……。」神はその独《ひと》り子をお与えになるほどに、この世を愛しています。ならばこの説明以上に、神の心の願いを情熱的に表現できる説明があるでしょうか。

失われた魂に重荷を持ってもいない人が、神と親しいと言えるでしょうか。まったく伝道しない人が、救いに重荷があると言えるでしょうか。論理的には単純なことです。真のとりなし手は、伝道に熱心でもあるということです。

しかし振子《ふりこ》は、どちらの方向にも振れるものです。神との親しさから生まれていないミニストリーは、すべて偽物です。神が捜しているのは、賃金で雇われた働き手ではなく、息子や娘です。祈りは右足であり、伝道は左足です。どちらか片方だけでは、びっこの働きになってしまいます。神は私たちに二本の足を与えてくださいました。ですから足を引きずって歩く必要はありません。地獄の門に進んで行き、祈りと宣教をひとつにすればよいのです。

一部のグループでは、驚いたことに、祈りに召されている人と伝道に召されている人の間に諍《いさか》いがあります。祈りに召されている人は、皆が自分のようであるべきだと考えます。断続的に断食をして、毎日何時間も祈るべきだと訴えます。

逆に伝道に召されている人は、誰もが聖書と拡声器を手にして、街角に立つべきだと考えます。しかし、どちらも偏っており、正しくありません。すべてのとりなし手が伝道者であるべきだというのは妥当ですが、すべての伝道者もとりなし手であるべきです。

主は、異なる賜物をひとり一人に与えており、私たちは互いを必要とし合っています。終末時代に大収穫を期待するなら、伝道者ととりなし手が働きを共にすることは、避《さ》けて通れません。

先述したとおり、クライスト・フォー・オール・ネーションズの大伝道集会をとおして、たった十年間で五千三百万人がイエス・キリストを救い主として受け入れました。にもかかわらず、大収穫時代の到来は、まだこれからなのです。

ある人はこう言いました。「人生の好機は、人生の好機の間に掴《つか》んでおかなければならない」と。主がこの時代に備えてくださった好機を掴むには、伝道者ととりなし手が戦略的な同盟を結ばなければなりません。両者がイエスのためにひとつになり、失われた魂を探して救いに導くのです。

私は、終末における神の働きが玄関先まで来ており、ドアをノックしていると心の底から信じています。私たちは戸を叩く主に応答し、一緒に戸を開けようではありませんか。

巻末の注

1. ジョン・ウェスレー（一七〇三年〜一七九一年）は、第一グレート・アウェイクニングと呼ばれている霊的覚醒を英国で起こすために、神が用いた器とされている。彼は英国国教会の神学者であり、メソジスト派の生みの親でもある。ウェスレーは、「キリスト者の完全」「全的聖化」と呼ばれる聖めの教義を強調した。彼は、キリスト者はこの世にいる間に、神の愛、すなわち完全な愛によって支配されきった状態に達することができるという見解を持っていた。ウェスレーは働きの中で、馬に乗って福音を語りながら二五万マイル（約四〇万キロメートル）移動し、五万回の説教を語ったとされている。生涯の終わりに至るまで広く尊敬を集め、「イギリスで最も愛された男」と呼ばれた。

2. アドニラム・ジャドソン・ジュニア（一七八八年〜一八五〇年）は、北米からビルマに遣わされた最初のバプテスト派宣教師として知られている。ジャドソンは、四〇年間近くビルマで奉仕した。（実際は、彼よりも先にビルマに遣わされた宣教師が複数いたが、彼らの働きは長期的ではなく、ジャドソンの働きほど大きなものではなかった。）ジャドソンの働きにより、米国バプテスト連盟が創設された。ジャドソンの啓発によって多くのアメリカ人宣教師が生まれ、また多くの者が宣教を支えるようになった。その支援をとおして、彼はビルマ語に聖書を翻訳し、ビルマにいくつものバプテスト教会を設立した。

3. デイヴィッド・ブレイナード（一七一八年四月二〇日〜一七四七年一〇月九日）は、アメリカインディアンに遣わされたアメリカ人宣教師である。彼の短い生涯は試練と困難に満ちていたが、いくつかの部族の中に働きの実を残した。「デイヴィッド・ブレイナード師の生涯」というタイトルの自叙伝が、ジョナサン・エドワードによって一七四九年に発行された。そこに記されるブレイナードの生涯と働きは、世代を超えて数え切れない宣教師に啓発《けいはつ》を与えている。ブレイナードは、近代の宣教運動に影響を与えた先駆者《せんくしゃ》また草分《くさわ》けとして、歴史に名を残している。

4. ジョン・ハイド（一八六五年〜一九一二年）は、インドに遣わされたアメリカ人宣教師である。彼の父親も祈りの人で、教会でも自宅でも、宣教地に働き手が与えられるよう祈っていた。ジョン自身も、父の祈りの答えであった。現地のインド人からは、「決して眠らない人」と呼ばれるほど長時間祈る人物だった。「祈りのハイド」という呼び名は、そこから来ている。ハイドは、インドで数百人の人をキリストに導いた。祈りや宣教における彼の影響は、インド周辺のアジア大陸に今日も残っている。その並外れた働きのゆえに、四〇代という若さでハイドの健康は蝕《むしば》まれはじめた。医師は休養を取らなければ死ぬと警告したが、一九一一年にアメリカに帰国せざるを得ない状況になるまで、説教と祈りに固執《こしつ》しつづけた。ウェールズを通り過ぎる過程で、G・キャンベル・モーガンとの友情が芽生え、モーガンは後に、祈りのハイドから祈りの何たるかを学んだと語った。ハイドは、「イエス・キリストの勝利を叫べ！」と言いながら、亡くなったと言われている。

5. Bits & Pieces, May 28, 1992, page 15

6. Milner-White, Eric, "A Procession of Passion Prayers" (London: Oxford University Press, 1941) page 23

7. Vine, W. E., "Vine's Complete Expository Dictionary of Old and New Testament Words" (Nashville: Thomas Nelson Publishing, 1996) page 408

8. 一光年は、光が一年間で進む距離で、一秒間に約二九万八千キロメートル、約九・五兆キロメートルである。

9．この科学的な情報は、リチャード・トリスク・フィーンバーグ博士によって証明されている。Press Officer and Education & Outreach Coordinator, American Astronomical Society

10．ルドゥイグ・A・コレンダ（一八五九年～一九二三年）は、本書の著者の曾祖父《そうそふ》である。彼は酪農家として成功し、母国ドイツでは自宅で教会を行なっていた。その後、曾祖父は四三歳で、ブラジルのドイツ人開拓移民への宣教師として招聘《しょうへい》された。一九〇二年、家族と共にアメリカに遣わされて開拓伝道を開始し、一九〇〇年代初期に全米を巻き込んだペンテコステ・リバイバルの中で、聖霊のバプテスマを受けた。宣教と牧会の働きに従事していた間も、農業で家庭を支えた。

11．ジョン・P・コレンダ（一八九九年～一九八四年）は、著者の曾曾伯父《そそおじ》である。ジョンの父親はドイツ人ルーテル派宣教師であり、開拓伝道者だった。伯父の兄弟の一人が、エイミー・マクファーソンの集会で聖霊のバプテスマを受けて帰宅してくると、聖霊の傾注の体験談を家の教会で語った。ジョンも聖霊のバプテスマを受け、父親が設立したブラジルやドイツの教会があった地域に戻るよう召しを受けた。ミシガン州で牧会した後、ジョンはドイツやブラジルに聖書学校を設立した。それらの聖書学校は、今日も活動を続けている。世界中の多くの人に、彼は今も「オーパ」と呼ばれ親しまれている。

12. ジョン・P・コレンダ著「Vater geht aufs Ganze」(Leuchter-Verlag GmbH, 6106 Erzhausen), page 75

13. Vine, W. E., "Vine's Complete Expository Dictionary of Old and New Testament Words", (Nashville: Thomas Nelson Publishing, 1996) page 523

14. Betzalel, Israel B. "Teaching Messiah from the Torah", The Jerusalem Council, 2010. www.jerusalemcouncil.org/articles/commentaries

15. 実際のヘブル語の訳語は、「tripper / supplanter」惑わす者を表す言葉として、これらがもっとも適している。ヤコブに関する記述は創世記二五章からはじまる。Tenny,

Merrill C. "The Zondervan Pictorial Bible Dictionary", (Grand Rapids: Zondervan Publishing, 1963) page 398

16. Shiver John D., "Revival Glory", (Columbus: TEC Publications, 2007), page28

17. McClymond, Michael, "The Encyclopedia of Religious Revivals in America" Volume 1, (Westport: Greenwood Press, 2007), page 169

18. ウエルシュ・リバイバルの未発行の記述よりアーサー・ウォリスが引用。In the Day of Thy Power, page 112

19. クライスト・フォー・オールネーションズは、一九八七年以降、集会で提出されたすべての決心者カードを数え、記録している。過去一〇年間（二〇〇〇年～二〇〇九年）だけで、世界中で五千三百万人が決心者カードを提出している。

20. Vine, W. E., "Vine's Complete Expository Dictionary of Old and New Testament

Words", (Nashville: Thomas Nelson Publishing, 1996) page 267

21. DVD"Raised from the Dead", 2001 E-R Productions, LLC, Orlando.

奇跡を解き放つ祈り

発　行　日／2017年5月1日
著　　　者／ダニエル・コレンダ　訳者／ダビデ山本
発　行　所／株式会社マルコーシュ・パブリケーション
〒297－0017
千葉県茂原市東郷1373
印　刷　所／モリモト印刷